B. T. Ricci

Projeto de Rede

com

Switch HP

Um guia passo a passo para seu projeto de rede

1ª Edição

Rio de Janeiro

2016

ISBN: 978-1-535-37626-6

Para J.J. com todo meu amor.

- B. T. Ricci

Assine o nosso canal para acesso gratuito a videoaulas.

Assine a nossa fanpage para o livre acesso aos capítulos cortados da versão final.

Youtube - Facebook

Sumário

INTRODUÇÃO

Apesar de ter um bom conhecimento sobre redes de computadores e até mesmo possuir algumas certificações sobre o assunto, Luke, um jovem de 26 anos acaba de receber a missão de implantar uma rede corporativa utilizando equipamentos da marca HP.

Apesar de confiante, o analista percebe que não domina a configuração dos equipamentos deste fabricante e ao efetuar uma pesquisa sobre o assunto pode constatar que o mercado tem uma carência deste tipo de documentação.

A carência deste tipo de documentação foi a inspiração para a escrita deste material que tem como objetivo ensinar de maneira prática como efetuar a instalação e configuração de uma rede de computadores utilizando switches da marca HP.

Durante este livro vamos acompanhar todas as etapas da história de Luke, que além de efetuar a instalação de uma nova rede corporativa também será o responsável por sua operação ao final do projeto.

Este livro pode ser utilizado de várias maneiras. Ao ler de maneira linear, é possível acompanhar a história do analista Luke, aprender como efetuar a configuração dos equipamentos de rede, como solucionar problemas do dia a dia, como melhorar seu ambiente de rede já estabelecido e como montar um ambiente virtual de testes.

O livro foi projetado de maneira que cada capítulo funcione individualmente, portanto, também é possível utilizar este material como uma fonte de consulta, ou seja, o leitor pode acessar diretamente um capítulo para obter acesso apenas a informação desejada.

Conteúdo do Livro

Neste livro, o leitor será apresentado a exemplos da vida real envolvendo os desafios da implantação e operação de uma rede de computadores corporativa, para que assim, absorva melhor o conteúdo juntamente com as orientações sobre como superar estes obstáculos.

Todo o material é focado no ensinamento através da demonstração com exemplos práticos. Para cada problema apresentado, serão apresentadas duas maneiras de efetuar a configuração do equipamento e atingir o resultado esperado.

Primeiro, será demonstrado como efetuar a configuração do equipamento utilizando sua interface web administrativa. Segundo, será demonstrado como efetuar a configuração do equipamento utilizando apenas a linha de comando.

Ao finalizar a leitura deste livro, o leitor será capaz de:

• Efetuar o levantamento dos requisitos de uma rede
• Selecionar o modelo correto de switch baseado no levantamento de requisitos
• Atualizar a versão do firmware do switch
• Efetuar a configuração inicial do switch através da console
• Habilitar o acesso remoto ao switch através de telnet, ssh ou http
• Integrar a autenticação do acesso remoto ao domínio active directory da empresa
• Efetuar a configuração de diferentes permissões de acesso ao switch
• Efetuar a segmentação da rede através da utilização de vlans
• Efetuar a conexão dos switches através da utilização de trunk
• Habilitar o roteamento entre as vlans
• Implantar redundância e melhorar o desempenho através da agregação de links
• Filtrar o trafego indesejado e limitar a largura de banda através das políticas
• Monitorar o trafego da rede através de snmp e o espelhamento de portas
• Montar um laboratório virtual para efetuar testes de configuração
• Centralizar o log dos switches em um servidor syslog
• Efetuar a configuração de um servidor dhcp
• Recuperar o acesso ao switch em caso de perda da senha

Público Alvo

Este livro foi escrito para uma audiência especifica. Profissionais da área de tecnologia da informação que tenham algum conhecimento sobre redes de computadores e desejam implantar, ou operar uma rede de médio porte utilizando switches da marca HP.

Sobre o Autor

B.T. Ricci trabalha com tecnologia da informação nas áreas de redes e segurança da informação há mais de 15 anos. Ele possui inúmeros projetos de redes implantados em mais de 13 países e atualmente trabalha como gerente de tecnologia da informação em uma empresa do departamento de defesa.

Dentre suas qualificações, destacam-se suas certificações relacionadas a redes de computadores como ccnp e ccdp, suas certificações relacionadas à segurança da informação como cissp, cbcp e ccsp, suas certificações relacionadas a gestão de projetos como pmp e pmi-rmp, sua certificação Windows mcse e sua certificação Linux lpic2.

Canal do Youtube & Website

Com o passar dos anos, fui capaz de observar que o fato de ter evoluído organicamente de analista para uma posição gerencial estava me afastando gradativamente das tarefas mais técnicas e cada vez mais consumindo meu tempo com tarefas de planejamento, monitoramento e comunicação.

O afastamento gradativo das tarefas técnicas me incomodou devido a sempre ter sido minha parte favorita do trabalho, por isso comecei a procurar uma maneira de me manter tecnicamente relevante utilizando meu tempo livre.

O desejo de manter um conhecimento técnico apurado me fez criar um canal do youtube chamado *FuckingIT*, onde apresento vídeos exclusivamente técnicos sobre problemas relacionados a redes ou sistemas.

Ao final do primeiro ano, foi possível observar que os usuários do canal gostariam de conseguir copiar os comandos apresentados nos vídeos de algum lugar e por isso foi criado o website fucking-it.com.

É recomendável que o leitor visite os vídeos relacionados à configuração de switches deste fabricante listados no canal do youtube para visualizar as configurações propostas sendo executadas passo a passo.

É recomendável que o leitor visite nosso website para verificar sobre atualizações, material extra, ou comunicados relacionados a este livro.

Conclusão

Ao final deste livro, espero que o leitor tenha uma experiência que agregue valor em seu trabalho e o ajude a alcançar seus objetivos em um curto período de tempo.

Caso o leitor tenha alguma dúvida, ou considere ter encontrado algum erro neste material é possível acessar o website fucking-it.com e enviar um comunicado para o autor.

## Capítulo 01

PROJETO DE REDE

Após um extensivo processo seletivo, Luke foi o candidato escolhido para a vaga de analista de rede por Mario, o gerente da área de tecnologia da informação. Como sua primeira missão, foi disponibilizado um modesto budget que deve cobrir os custos da implantação de uma nova rede utilizando switches gerenciáveis.

Como possui algum conhecimento sobre gestão de projetos, Luke, sabe que apenas o conhecimento técnico não será capaz de levar seu projeto ao sucesso e para atingir o objetivo esperado será necessário um conjunto de habilidades tanto técnicas quanto gerenciais.

Durante este capítulo serão apresentadas as seguintes tarefas relacionadas ao gerenciamento do projeto: Levantamento das partes interessadas, mapeamento de requisitos, definição de escopo e finalização do projeto.

Vale ressaltar que todos os ensinamentos deste capítulo serão apresentados de maneira prática utilizando o ponto de vista do analista Luke durante a implantação de seu projeto.

Partes Interessadas

De maneira genérica, partes interessadas são indivíduos ou empresas que possuem interesse em seu projeto. Geralmente, essas entidades podem afetar, ou ser afetadas de maneira positiva, ou negativa por seu projeto.

O registro de partes interessadas trata-se de uma ferramenta que pode ajudar no sucesso de seu projeto. Ao documentar quem são as pessoas mais influentes, e como se comunicar de maneira eficiente com esses indivíduos, é possível diminuir o risco de fracasso e aumentar a probabilidade de sucesso para seu projeto.

Em nosso exemplo, Luke, conhecedor dessa ferramenta, gerou uma planilha com os seguintes campos:

• Identificador
• Nome
• Descrição
• Nível de influência
• Tipo

• Expectativas
• Meio de comunicação

Como exemplo prático, segue abaixo uma amostra do registro de partes interessadas levantadas por Luke para o projeto de implantação da nova rede corporativa.

Identificador – 001
Nome – Mario P
Descrição – Gerente de tecnologia
Nível de influência – Alto
Tipo de parte interessada – Positivo
Expectativas – Aumentar a velocidade da rede interna de 100Mbps para 1GBps
Meio de comunicação – mario.ti@fucking-it.com

Identificador – 002
Nome – Rodrigo P.
Descrição – Especialista em Linux
Nível de influência – Médio
Tipo de parte interessada – Positivo
Expectativas – Integrar os novos switches com a ferramenta de monitoramento existente
Meio de comunicação – +55 11 2555-6677

Identificador – 003
Nome – Leia S
Descrição – Analista de suporte
Nível de influência – Médio
Tipo de parte interessada – Negativa
Expectativas – Provar que o projeto de uma nova rede não é necessário, por isso vai tentar encontrar falhas no projeto criado por Luke
Meio de comunicação – leia.ti@fucking-it.com

Como pode ser visto, uma parte interessada do tipo positiva consegue ver o benefício que o projeto vai trazer para a empresa, ou para o seu trabalho e por isso tem interesse em ajudar na implantação do projeto.

Por outro lado, uma parte interessada do tipo negativa não consegue ver, se sente ameaçada, ou simplesmente não deseja o benefício oferecido pelo projeto e pode oferecer resistência.

Imagine as chances de sucesso do projeto caso o gerente de tecnologia crie uma barreira emocional com Luke ao discutirem durante uma reunião sobre as prioridades do projeto. Neste momento, é possível que Mario se torne uma parte interessada do tipo negativa e pare de oferecer seu suporte que é essencial para o sucesso do projeto.

Como resultado, tente sempre influenciar as partes interessadas positivas a permanecerem ao seu lado enquanto tenta fazer com que as partes interessadas negativas se tornem neutras, ou quem sabe positivas com relação a você e seu projeto.

Mapear Requisitos

Para compreender o que deve ser entregue ao final do projeto é obrigatório efetuar o mapeamento dos requisitos necessários, seja através de reuniões com as partes interessadas ou de qualquer outra maneira possível.

Um requisito consiste basicamente em uma declaração que identifique uma característica, capacidade ou a qualidade que a nova rede corporativa *deve apresentar.*

Como exemplo, poderíamos citar que o gerente de tecnologia durante uma reunião com Luke informou a necessidade, por motivos de segurança da informação, que a nova rede possua no mínimo duas vlans para separar a rede de servidores da rede das estações de trabalho.

Note que nem todo requisito será 100% técnico, pois Rick, o presidente da empresa vai receber uma visita importante no dia 15 do próximo mês e por isso determinou que o projeto deve, obrigatoriamente, ser finalizado até o dia 14.

Caso os requisitos não sejam mapeados corretamente, o projeto entregue pode não agregar o valor esperado para o cliente e por isso ser considerado um fracasso. Imagine que o projeto foi finalizado apenas dia 20 e por isso a empresa estava sem acesso à internet no dia 15 enquanto o presidente recebia a visita de seu mais importante cliente.

O *registro de requisitos* trata-se de uma ferramenta que pode ajudar no sucesso de seu projeto. Ao documentar os requisitos e associar com uma parte interessada solicitante será possível priorizar o mapeamento por seu grau de importância.

Em nosso exemplo, Luke, conhecedor dessa ferramenta, gerou uma planilha com os seguintes campos:

• Identificador
• Requisito
• Parte interessada
• Status

Como exemplo prático, segue abaixo uma amostra da lista de requisitos criada por Luke para o projeto de implantação da nova rede corporativa.

Identificador – 001
Requisito – Todas as interfaces devem oferecer a velocidade de 1GBps

Modelo de Switch

Ao terminar de efetuar a definição do escopo e seus requisitos, Luke pode comparar as necessidades técnicas listadas no documento chamado ***requisitos da nova rede corporativa*** com as especificações técnicas de vários modelos de switches disponíveis no website do fabricante.

Por se tratar de uma rede de médio porte e possuir um budget modesto, Luke chegou à conclusão de que poderia utilizar os modelos de switch 1910 e A5500 para atender aos requisitos do escopo de seu projeto.

O modelo de switch 1910 será utilizado na camada de acesso para conectar dispositivos finais como estações de trabalho, telefones, impressoras e computadores de visitantes.

O modelo de switch A5500 por oferecer recursos avançados de roteamento será considerado como o principal switch da rede e será utilizado na camada de núcleo para conectar servidores, efetuar a conexão com outros switches da rede, oferecer o roteamento entre vlans e o serviço dhcp.

Finalizar o Projeto

No mercado, é muito comum encontrar profissionais que tratam o projeto, incorretamente, como finalizado ao terem concluído apenas a implantação técnica definida no escopo.

Um projeto só pode ser considerado finalizado quando for formalmente aceito por seu cliente, ou seja, ao finalizar seu projeto deve-se obter uma aprovação formal confirmando que todos os requisitos aprovados da nova rede corporativa foram entregues com sucesso e de acordo com os critérios estabelecidos no escopo do projeto.

Perceba que a pessoa responsável pela implantação do projeto talvez não seja a mesma pessoa que vai administrar a nova rede no dia a dia, por isso é necessário gerar uma fase de transferência de conhecimento, seja em maneira de treinamento, seja em maneira de operação assistida, seja apenas com a entrega de uma documentação, ou um conjunto das opções anteriores.

Em nosso exemplo, é possível afirmar que ao final do projeto, todo o conhecimento relacionado a implantação da nova rede estará concentrado em Luke, sendo ele o responsável por documentar o novo ambiente, transferir seu conhecimento para outros membros da empresa e evitar o risco da perda de informação caso aconteça algo inesperado.

Como resultado, demonstre ser um profissional diferenciado ao finalizar seu projeto da maneira correta e com registros incontestáveis de que todo o escopo combinado foi entregue com sucesso juntamente com a transferência de conhecimento necessário para administração do novo ambiente de rede corporativo.

Conclusão

Este capítulo ensinou através de exemplos práticos pontos importantes que devem ser levados em consideração durante o planejamento, a execução e o fechamento de um projeto de rede.

Deve ficar claro para o leitor que um bom conhecimento técnico de redes utilizado em conjunto com algumas técnicas básicas de gerenciamento de projetos pode aumentar consideravelmente suas chances de sucesso.

Ao final deste capítulo o leitor deve ter percebido a importância das técnicas de gerência de projetos e ser capaz de:

• Efetuar o mapeamento das partes interessadas
• Efetuar o mapeamento dos requisitos
• Criar a definição do escopo ao analisar criticamente os requisitos do projeto
• Selecionar os modelos adequados de switch
• Finalizar seu projeto corretamente

Os próximos capítulos deste livro serão de conteúdo exclusivamente técnico e vão demonstrar o caminho utilizado por Luke para atender os requisitos do projeto da nova rede corporativa.

– Capítulo 02 –

CONFIGURAÇÃO INICIAL

Após efetuar a compra dos switches necessários para seu projeto e aguardar um breve período de entrega, Luke acaba de receber e instalar seus novos switches fisicamente no rack de seu datacenter.

A utilização de um switch gerenciável oferece inúmeras vantagens para um ambiente de rede corporativo, porém antes de obter as vantagens oferecidas por este dispositivo uma fase inicial de instalação e configuração dos equipamentos se faz necessária.

Este capítulo tem o objetivo de demonstrar como efetuar a configuração inicial em um switch através de uma abordagem detalhada passo a passo, e com isso ensinar, ou esclarecer dúvidas que o leitor possa ter sobre este assunto.

Durante este capítulo serão apresentadas as seguintes tarefas relacionadas a implantação do projeto da nova rede corporativa:

• Como preparar um computador para acessar o switch
• Como efetuar o primeiro acesso ao switch através da console
• Como efetuar seu primeiro acesso ao switch através da interface web
• Como efetuar a configuração de um endereço no switch
• Como acessar a linha de comando secreta do modelo 1910
• Como recuperar seu acesso ao switch

Todos os ensinamentos deste capítulo serão apresentados de maneira prática utilizando o ponto de vista do analista Luke durante a implantação de seu projeto.

É importante destacar que existem várias séries e diferentes modelos de switch deste fabricante, portanto é possível que as configurações iniciais demonstradas neste capítulo, utilizando o modelo de switch 1910 como sua base, não se apliquem ao modelo de switch utilizado pelo leitor.

É responsabilidade do *sexto capitulo* deste livro oferecer uma maneira alternativa de configuração inicial para outros modelos de switch deste fabricante e com isso ajudar o leitor com sua configuração inicial.

Conexão Física

Após efetuar a instalação física de seu equipamento no rack, será necessário conectar um computador na interface de gerenciamento do switch através de um cabo conhecido como *cabo console.*

O cabo console possui dois tipos de conectores distintos e é fornecido juntamente com um novo switch. Sendo assim, deve-se conectar a interface serial em um computador e conectar a interface RJ45 na porta do switch identificada como **console**.

Caso seu computador não possua uma interface serial é possível utilizar um adaptador de interface usb para uma interface serial, desde que seja instalado o driver do adaptador corretamente.

Geralmente, a conexão entre o computador e a porta console do switch é utilizada para que o analista consiga efetuar uma configuração básica, como definir um endereço administrativo para acesso remoto, ou definir a senha padrão de acesso ao equipamento.

Acessar a Console

Após terminar de efetuar a conexão física entre o computador e a interface administrativa do switch será necessário utilizar um software especifico para acessar a interface de configuração do dispositivo.

Putty, é um software gratuito que pode ser utilizado para se conectar localmente, ou remotamente em um switch para efetuar sua configuração, portanto acesse o website **putty.org** e efetue o download do software.

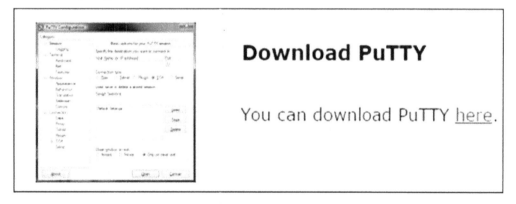

Ao terminar o download, execute o software para que seja apresentada a tela abaixo.

Para que o computador consiga se comunicar com este modelo de switch através do cabo console será necessário personalizar os parâmetros de conexão, portanto execute o software **putty**, selecione a categoria **serial** e efetue as seguinte configurações.

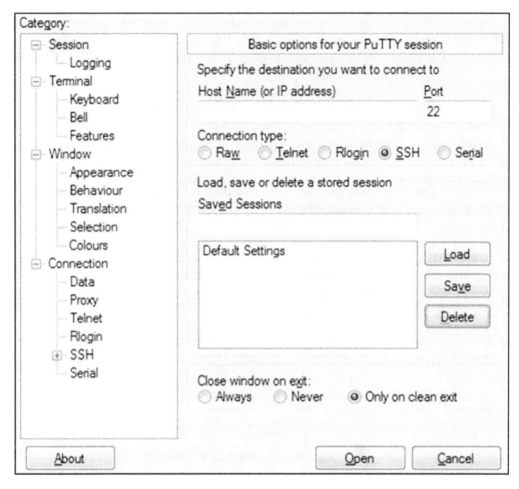

O parâmetro *Serial line* especifica o número da porta de comunicação que o computador deve utilizar para se comunicar com o switch. Em nosso exemplo, foi definido que o computador deve utilizar a porta de comunicação com1 para se comunicar com o switch.

Note que o número da porta de comunicação utilizada pode variar, caso não seja possível utilizar a porta de comunicação *com1* deve-se tentar utilizar a próxima porta de comunicação *com2*, e assim sucessivamente.

O parâmetro *Speed* determina a taxa de transmissão que deve ser utilizada para se comunicar com o switch. Em nosso exemplo, foi definido que o computador deve utilizar a taxa de transmissão de 38400 bits, conforme indicado pelo manual do produto.

É importante destacar que o manual do switch deve ser consultado, pois diferentes modelos de switch podem utilizar diferentes velocidades de conexão. Em nosso exemplo, enquanto o modelo de switch 1910 utiliza a velocidade de comunicação 38400 o modelo A5500 utiliza a velocidade 9600.

O parâmetro *Data bits* determina a quantidade de bits contendo informações que podem ser enviada de uma vez para o switch. Em nosso exemplo, foi definido que o computador deve enviar pacotes contendo 8 bits de dados para o switch, conforme indicado pelo manual do produto.

O parâmetro *Stop bits* determina a quantidade de bits que deve ser utilizada para sinalizar um intervalo, ou final na comunicação com o switch. Em nosso exemplo, foi definido que o computador deve utilizar 1 bit para sinalizar um intervalo, ou o final da comunicação , conforme indicado pelo manual do produto.

O parâmetro *Parity* era utilizado antigamente para detectar falhas na comunicação devido a interferência mas atualmente este parâmetro não é mais utilizado. Em nosso exemplo, foi definido que o parâmetro de paridade não deve ser utilizado.

O parâmetro *Flow control* era utilizado antigamente para determinar qual mecanismo de controle de fluxo deveria ser utilizado mas atualmente este parâmetro não é mais utilizado. Em nosso exemplo, foi definido que o parâmetro de controle de fluxo não deve ser utilizado.

Após configurar os parâmetros da conexão serial como demonstrado, acesse a categoria *session,* selecione a opção *Serial* e pressione o botão *Open* para que tenha início a comunicação entre o switch e o computador.

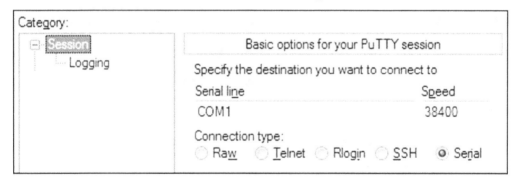

Ao clicar no botão *Open* deve ser apresentada uma tela de login inicial do switch.

Em seu primeiro acesso, será necessário entrar com o usuário *admin* que por padrão não possui uma senha definida.

Em nosso exemplo, foi demonstrado como efetuar o acesso inicial a linha de comando de um switch através de sua interface administrativa utilizando o software putty e um cabo console.

Configurar Endereço Administrativo

Durante a fase de configuração inicial dos switches, será necessário que o responsável pelo projeto defina um endereço administrativo que será utilizado para acessar remotamente o equipamento.

Ao efetuar o login com sucesso através da conta padrão do equipamento, será apresentada uma linha de comandos básica que oferece apenas alguns dos comandos administrativos disponíveis.

Para configurar o endereço administrativo do switch utilize o comando ipsetup e passe como parâmetros o endereço desejado, sua máscara de rede e o endereço do gateway padrão.

```
# ipsetup ip-address 192.168.1.11 255.255.255.0 default-gateway 192.168.1.1
```

Após finalizar a configuração, verifique o endereço administrativo de seu switch através do comando summary que é responsável por apresentar um resumo básico da configuração do dispositivo.

```
# summary
```

Em nosso exemplo, um switch do modelo 1910 foi configurado com o endereço 192.168.1.11, com a máscara de rede 255.255.255.0 e o endereço de gateway 192.168.1.1.

Para testar sua configuração, conecte um computador a qualquer porta do dispositivo e configure um endereço na mesma rede do switch como demonstrado abaixo.

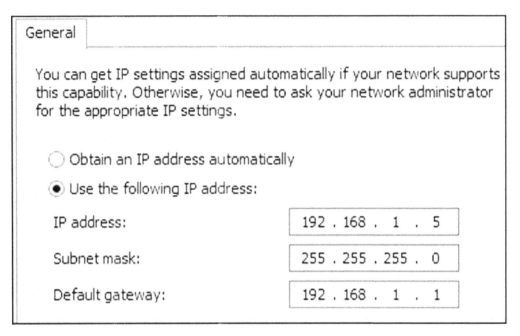

Ao terminar de efetuar a configuração do endereço no computador, acesse a console do switch e tente efetuar um teste de conectividade através do comando ping para o endereço do computador.

Caso não tenha sucesso em seu teste de conectividade, verifique se a luz da porta do switch acendeu ao efetuar a conexão física entre os dispositivos, verifique se a configuração dos endereços foi executada corretamente e por último, verifique se o firewall do Windows está bloqueando o teste de comunicação.

Ao terminar a configuração e testar com sucesso a conectividade entre os dispositivos, abra seu navegador, digite o endereço do switch e acesse sua interface web administrativa.

![← → C http://192.168.1.11]

Ao ser apresentado a interface web administrativa do switch, entre com o usuário **admin**, deixe em branco o campo de senha e digite o código de verificação apresentado na tela.

Após efetuar login com sucesso, será apresentada a tela inicial da interface administrativa onde para salvar sua configuração o usuário deve clicar na opção **Save** disponibilizada na parte superior direita da janela.

Em nosso exemplo, foi demonstrado como efetuar a configuração de um endereço administrativo através da linha de comando, como acessar a interface web administrativa e como salvar sua configuração.

Linha de Comando Secreta

Por padrão, a console do switch de alguns modelos mais básicos deste fabricante oferece apenas o acesso a um grupo de comandos extremamente limitados que podem ser visualizados ao se pressionar a tecla **?** como demonstrado abaixo.

```
# ?
User view commands:
  initialize   Delete the startup configuration file and reboot system
  ipsetup      Assign an IP address to VLAN-interface 1
  password     Specify password of local user
  ping         Ping function
  quit         Exit from current command view
  reboot       Reboot system/board/card
  summary      Display summary information of the device.
  telnet       Establish one TELNET connection
  upgrade      Upgrade the system boot file, the Boot ROM program or the PoE
               program
```

Alguns modelos como o 1910 utilizado neste projeto, oferecem um recurso secreto para que o administrador tenha acesso a lista completa de comandos administrativos do switch mediante o conhecimento de uma senha de fábrica.

Para ter acesso a todos os comandos disponíveis, utilize o comando **_cmdline-mode** como demonstrado abaixo e quando solicitado digite a senha de fábrica especifica de seu modelo de switch.

```
#  cmdline-mode on
```

Em nosso exemplo, foi utilizada a senha **512900** que trata-se da senha padrão de fábrica especifica para o modelo de switch 1910. Sendo assim, outros modelos de

17

switch podem utilizar outras senhas, ou até mesmo não precisar utilizar o comando **_cmdline-mode** para acessar a lista completa de comandos administrativos.

Após acessar o modo secreto corretamente, pressione a tecla **?** e verifique novamente a quantidade de comandos disponíveis.

```
# ?
User view commands:
  archive           Specify archive settings
  backup            Backup next startup-configuration file to TFTP server
  boot-loader       Set boot loader
  bootrom           Update/read/backup/restore bootrom
  cd                Change current directory
  clock             Specify the system clock
  cluster           Run cluster command
  copy              Copy from one file to another
  crypto-digest     Compute the hash digest for a specified file
  debugging         Enable system debugging functions
  delete            Delete a file
  dir               List files on a file system
  display           Display current system information
  fixdisk           Recover lost chains in storage device
  format            Format the device
  free              Clear user terminal interface
  ftp               Open FTP connection
  initialize        Delete the startup configuration file and reboot system
  ipc               Interprocess communication
  ipsetup           Assign an IP address to VLAN-interface 1
  lock              Lock current user terminal interface
```

Ao acessar este modo é possível salvar a configuração do switch ao utilizar o comando *save* e pressionar Y para confirmar seu comando.

```
# save
```

Para verificar a configuração completa do switch utilize o comando ***display current-configuration*** a qualquer momento como demonstrado abaixo.

```
# display current-configuration
```

Em nosso exemplo, foi demonstrado como acessar a linha de comando secreta em um switch do modelo 1910.

Recuperar Acesso ao Switch

Em nosso exemplo, foram comprados novos switches para serem utilizados no projeto de implantação da nova rede corporativa, entretanto é possível que uma empresa possa optar por adquirir equipamentos usados para seu projeto, seja para reduzir os custos, ou por qualquer outro motivo.

É muito comum, um equipamento usado não ser enviado com a senha de acesso administrativo para seus novos donos e por isso um analista de rede deverá ter conhecimento do procedimento de recuperação de acesso ao switch.

O procedimento de recuperação de acesso deve ser executado caso a senha de acesso ao equipamento tenha sido perdida, ou esquecida por alguma razão.

Para recuperar o acesso ao seu equipamento, desligue o switch, conecte o cabo console entre o switch e um computador utilizando o software putty como demonstrado anteriormente e volte a ligar o equipamento.

Durante a inicialização do switch, pressione a sequência de teclas **[CTRL + B]** para acessar o menu de inicialização do equipamento.

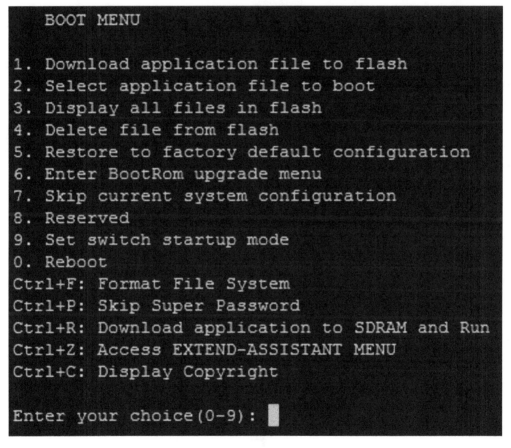

Ao ser apresentado ao menu de inicialização, pressione a opção *7* para determinar ao sistema que ignore a configuração atual salva no switch e confirme sua opção ao pressionar *Y*.

Ao ser apresentado novamente ao menu de inicialização, pressione a opção *0* para que o equipamento seja reiniciado imediatamente.

Ao reiniciar o equipamento, este terá ignorado seu arquivo de configuração e poderá ser configurado como um novo switch, portanto execute o comando *initialize* para excluir seu arquivo de configuração salvo e definir que o switch volte a utilizar suas configurações de fábrica.

```
# initialize
```

Após pressionar *Y*, o switch vai apagar a configuração salva em sua memória e reiniciar com sua configuração de fábrica que utiliza o usuário *admin* com sua senha padrão.

Em nosso exemplo, foi demonstrado como recuperar o acesso a console de um switch ao perder, ou esquecer a senha de acesso.

Conclusão

Este capítulo ensinou de maneira prática como efetuar a configuração inicial de um switch e como recuperar o acesso ao equipamento caso a senha do usuário admin seja perdida.

Durante este capítulo foi possível acompanhar a jornada de Luke enquanto este efetuava seu primeiro acesso aos dispositivos comprados para o seu projeto de rede.

Ao final deste capítulo o leitor deve se sentir confiante e ser capaz de efetuar as configurações necessárias para seu primeiro acesso em um switch.

Para reforçar o aprendizado, foram publicados em nosso canal do youtube os seguintes vídeos que demonstram a utilização das técnicas apresentadas ao longo deste capítulo:

• HP Switch – Configuração IP inicial
• HP Switch – Recuperar Senha

– Capítulo 03 –

PÓS-INSTALAÇÃO

Após terminar de efetuar a instalação e configuração inicial de seus novos switches com sucesso, Luke já é capaz de dar prosseguimento a implantação do projeto e efetuar a configuração dos dispositivos, seja através da console, ou através da interface web.

Porém, antes de dar prosseguimento com as configurações de rede do projeto, será necessário executar uma fase conhecida como pós-instalação que consiste na execução de uma série de tarefas reconhecidas como boas práticas na configuração de um switch.

Este capítulo tem o objetivo de demonstrar como efetuar a pós-instalação em um switch através de uma abordagem detalhada passo a passo, e com isso ensinar, ou esclarecer dúvidas que o leitor possa ter sobre este assunto.

Durante este capítulo serão apresentadas as seguintes tarefas relacionadas a pós-instalação dos switches do projeto da nova rede corporativa:

• Como alterar a senha padrão do switch
• Como atualizar o firmware do switch
• Como configurar a data & hora do switch
• Como alterar o hostname do switch
• Como centralizar os logs do switch

Todos os ensinamentos deste capítulo serão apresentados de maneira prática utilizando o ponto de vista do analista Luke durante a implantação de seu projeto.

Alterar a Senha Padrão

Como primeiro passo da pós-instalação, deve-se alterar a senha padrão de seu equipamento, pois vale destacar que o switch ainda está utilizando a senha padrão de fábrica para seu usuário administrativo.

Acesse a interface web de seu switch, selecione o menu *Authentication* e clique na opção *Users* para ser enviado para a tela de administração dos usuários e grupos locais do dispositivo.

Para alterar a senha padrão do usuário administrativo, selecione a guia *Local users*, localize o usuário *admin* e clique na operação *modify* da guia *Operation*.

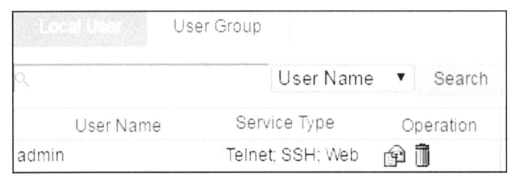

Na tela de propriedades do usuário admin, marque a caixa chamada *modify password*, digite a nova senha e clique no botão *Aplicar*.

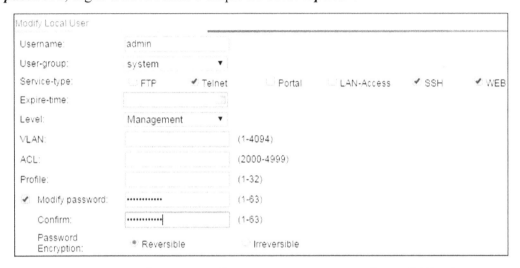

Para verificar sua configuração, clique na opção *Logout* disponibilizada na parte superior direita da tela e tente acessar a interface web administrativa com a nova senha do usuário admin.

Após alterar a senha de um usuário como demonstrado, lembre-se de salvar a sua configuração ao clicar na opção *Save* disponibilizada na parte superior direita da tela.

Atualizar o Firmware

Como segundo passo da pós-instalação, deve-se atualizar o firmware que consiste no sistema operacional do switch. Com isso, inúmeras falhas de segurança serão solucionadas e melhorias de desempenho podem ser obtidas.

Acesse o site da HP enterprise, *hpe.com*, e efetue o download da última versão de firmware para seu modelo de switch. Caso tenha alguma dificuldade para encontrar seu firmware, acesse o *google* e pesquise pela ferramenta "*HP Networking support search tool*" na qual deve-se digitar o modelo de switch, ou seu *partnumber* como demonstrado abaixo.

O Partnumber consiste em um modo padrão para referenciar equipamentos criado pelo fabricante, no qual, cada equipamento, ou parte de equipamento recebe uma identificação exclusiva.

Em nosso exemplo, foi efetuado o download da versão *1910_5.20.R1516* do firmware através da ferramenta *HP Networking support search tool* ao digitar o partunumber *JE009A* que consiste na identificação do modelo de switch 1910-48G.

Ao terminar seu download, descompacte o arquivo de seu formato ZIP para ter acesso ao firmware em formato binário e com isso dar prosseguimento ao processo de atualização de firmware.

Como próximo passo, acesse a interface web de seu switch e efetue login através de uma conta com permissão administrativa.

Ao ser apresentado a tela inicial da interface administrativa, acesse o menu *Device* e clique na opção *Device maintenance* para ser enviado para a tela de upgrade de software, onde será necessário selecionar o novo arquivo binário de firmware a ser utilizado.

| Software Upgrade | Reboot | Electronic Label | Diagnostic Information |

File   Escolher arquivo   V1910-CMW520-R1516.bin

File Type   Main ▼

☑ If a file with the same name already exists, overwrite it without any prompt

☑ To upgrade the files of slave boards at one time

☑ Reboot after the upgrade is finished

Note:
* Do not perform any operation when upgrade is in process.
* The filename cannot exceed 47, and must end with an extension of .app or .bin.

Aguarde o final da atualização do firmware para que o switch seja reiniciado automaticamente e apresente o novo prompt de login apresentado abaixo.

Em nosso exemplo, o firmware do switch foi atualizado com sucesso para a última versão disponível para download no website do fabricante.

Após finalizar o upgrade com sucesso, acesse o menu **Summary,** clique na opção **System Information** e verifique a versão atual do firmware do switch no quadro de informações disponibilizado na parte direita da tela.

Alterar o Hostname

Como terceiro passo da pós-instalação, deve-se alterar o nome de identificação do equipamento. Com isso, será possível manter uma certa organização e identificar o switch sendo configurado, seja localmente, ou remotamente de maneira facilitada.

Em nosso exemplo, foi determinado que os switches devem utilizar os nomes de host *fkit-sw01* e *fkit-sw02* para que sejam facilmente identificados e assim ajudar a manter o ambiente de rede organizado.

Acesse a interface web de seu switch, selecione o menu **Device** e clique na opção **Basic** para ser enviado para a tela de administração básica do dispositivo.

Para alterar o nome do dispositivo, selecione a guia *System name*, localize a opção *Sysname*, digite um nome de identificação para o switch e clique no botão *Aplicar*.

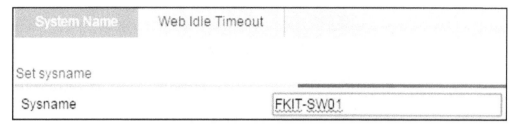

Após finalizar a configuração com sucesso, o novo nome de identificação do dispositivo deve aparecer na parte superior esquerda da interface web administrativa de seu switch.

Para definir um tempo limite de ociosidade para o acesso a interface web, selecione a guia *Web Idle Timeout* e defina uma quantidade limite em minutos que a sessão pode permanecer ociosa antes que seja fechada automaticamente.

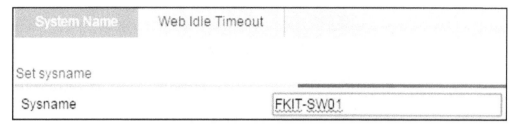

Em nosso exemplo, foi utilizado o valor de 5 minutos que é considerado uma boa prática de segurança da informação.

Definir Data & Hora

Como quarto passo da pós-instalação, será demonstrado como configurar a data e hora do dispositivo, seja manualmente, ou automaticamente através do protocolo ntp. Com isso, será possível utilizar o horário do switch registrado nos logs como uma fonte confiável de informação durante a solução de um eventual problema.

É extremamente importante configurar a data e hora corretamente em um switch, pois quando um equipamento apresentar algum tipo de problema sua primeira fonte de informação para depuração serão os arquivos de logs que armazenam suas informações cronologicamente baseado no relógio do sistema.

Para configurar manualmente, acesse a interface web administrativa do switch, selecione o menu *Device* e clique na opção *System time* para ser enviado para a tela de configurações de horário, onde será possível definir manualmente a data e a hora do sistema.

Para configurar automaticamente, acesse a guia *Net time*, selecione a *interface* que vai se conectar ao servidor ntp, defina um *intervalo* em segundos entre as consultas ao servidor, digite o *endereço* do servidor ntp a ser consultado, selecione a *zona de tempo* desejada e clique no botão *Aplicar*.

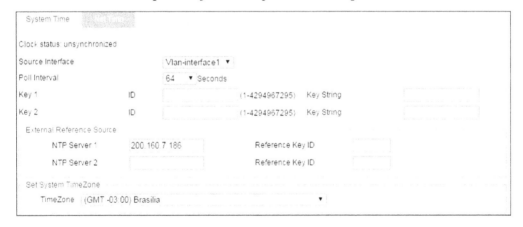

Em nosso exemplo, foi determinado que os switches devem utilizar a interface de rede padrão *Vlan-interface1*, o intervalo de *64 segundos*, o servidor *200.160.7.186* e a zona de tempo de *Brasília* para que a data e a hora sejam configuradas automaticamente.

Ao finalizar a configuração, acesse novamente a guia *System time* e verifique se a data e a hora do seu dispositivo foi alterada corretamente.

Centralizar os Arquivos de Log

Como último passo da pós-instalação, será demonstrado como configurar os logs do sistema para serem enviados através da rede para um servidor de logs central. Com isso, será possível utilizar as informações contidas neste servidor de logs durante a solução de um eventual problema.

Imagine que um switch tenha apresentado algum defeito e por consequência tenha parado de funcionar completamente. Como um analista poderia iniciar o processo de depuração do problema se o arquivo de log estiver armazenado apenas no próprio switch que não funciona devido ao defeito apresentado?

É extremamente importante centralizar os logs do sistema, pois quando um equipamento apresentar algum tipo de problema sua primeira fonte de informação para depuração será justamente os arquivos de logs centralizados.

Acesse a interface web de seu switch, selecione o menu **Device** e clique na opção **Syslog** para ser enviado para a tela de administração de logs do sistema.

Para enviar seus logs através da rede, selecione a guia **Loghost**, marque a opção **IPV4**, digite o endereço para o qual os logs devem ser enviados e clique no botão **Aplicar**.

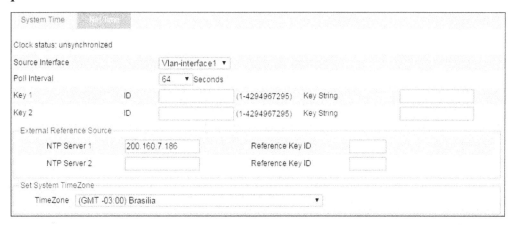

Deste momento em diante, todos os registros de log do switch serão enviados para o computador da rede que utilize o endereço 192.168.1.15, portanto será necessário efetuar a instalação de um software capaz de receber mensagens syslog neste computador.

Para receber mensagens syslog neste computador, foi efetuado o download do software **Visual Syslog Server for Windows** que é um software gratuito de código aberto capaz de executar essa função.

Após efetuar a instalação corretamente, será possível visualizar as mensagens de log dos switches da rede através da interface gráfica do software como demonstrado abaixo.

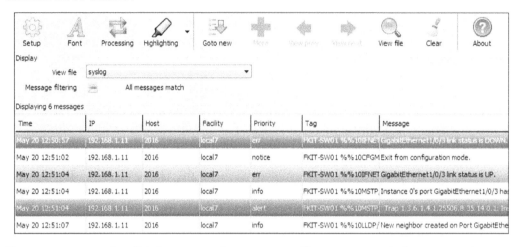

Em nosso exemplo, foi demonstrado como configurar um switch para enviar suas mensagens de log através da rede e como efetuar a instalação de um software capaz de receber as mensagens enviadas em um computador rodando o sistema operacional Windows.

Conclusão

Este capítulo ensinou de maneira prática como efetuar uma fase de pós-instalação para aumentar o nível de segurança do switch através de algumas tarefas específicas consideradas como boas práticas de segurança da informação.

Durante este capítulo foi possível acompanhar a jornada de Luke enquanto este efetuava o processo de pós-instalação nos switches comprados para o seu projeto de rede e atendia aos seguintes requisitos de escopo listados no documento chamado ***requisitos da nova rede corporativa***:

• Os switches devem ter seu firmware atualizado
• Os switches devem redirecionar seus logs para um servidor syslog

Ao final deste capítulo o leitor deve se sentir confiante e ser capaz de efetuar as configurações de pós-instalação necessárias em um switch de sua rede.

Para reforçar o aprendizado, foram publicados em nosso canal do youtube os seguintes vídeos que demonstram a utilização das técnicas apresentadas ao longo deste capítulo:

• HP Switch – Atualizar o firmware
• HP Switch – Alterar a senha padrão
• HP Switch – Configurar data & hora através de NTP

- HP Switch – Alterar o hostname
- HP Switch – Centralizar logs via syslog

– Capítulo 04 –

GESTÃO DE ACESSO

Ao finalizar a instalação e configuração básica de seus equipamentos, Luke decide que é chegada a hora de habilitar o acesso remoto em seus switches e liberar o acesso de outros membros da equipe de tecnologia de informação da empresa aos dispositivos.

Para ter sucesso na implantação de um projeto de redes é necessário reconhecer que o trabalho de equipe é algo importante e por isso deve ser facilitado.

Além dos benefícios como a economia de tempo e custos relacionados a mobilidade de pessoas, a utilização do acesso remoto também é capaz de facilitar o trabalho em equipe ao permitir que analistas efetuem alterações nas configurações de dispositivos sem necessitar estar fisicamente perto do dispositivo.

Este capítulo tem o objetivo de demonstrar como efetuar o gerenciamento de contas de usuários e também como liberar o acesso remoto aos novos switches da rede através de uma abordagem detalhada passo a passo, e com isso ensinar, ou esclarecer dúvidas que o leitor possa ter sobre este assunto.

Durante este capítulo serão apresentadas as seguintes tarefas relacionadas a implantação do projeto da nova rede corporativa:

• Como criar grupos de usuários
• Como criar contas de usuário
• Como habilitar o acesso remoto

Todos os ensinamentos deste capítulo serão apresentados de maneira prática utilizando o ponto de vista do analista Luke durante a implantação de seu projeto.

Criar Grupo de Usuários

Após um breve planejamento, foi decidido que deveriam existir dois grupos de usuários que devem oferecer permissões distintas para seus membros que consistem basicamente em analistas da equipe de tecnologia da informação.

Em nosso exemplo, os membros do grupo chamado *fkit-admin* devem possuir todas as permissões administrativas sobre os switches da nova rede corporativa, enquanto os membros do grupo *fkit-users* devem conseguir acessar os dispositivo com permissão exclusivamente de leitura.

Ao ser apresentado a tela inicial da interface administrativa, acesse o menu **Authentication** e clique na opção **Users** para ser enviado a tela de configuração de usuários e grupos.

Para criar um novo grupo de usuários, selecione a guia **User Group** e clique no botão **Add** para ser enviado a tela de criação de grupos.

Na tela de criação de grupos, defina o nível de acesso desejado e clique no botão **Aplicar**.

Local User	User Group
Add User Group	
Group-name:	FKIT-ADMIN
Level:	Management ▼
VLAN:	
ACL:	
User-profile	

Durante a configuração de um novo grupo é necessário definir o nível de acesso oferecido para os membros deste grupo, portanto segue abaixo uma lista dos níveis de acesso disponíveis e suas respectivas descrições.

O nível chamado **visitor** oferece acesso a uma interface web **reduzida** com permissões exclusivamente de leitura e seus membros possuem a permissão para efetuar testes de conectividade básico como ping e traceroute.

O nível chamado **monitor** oferece acesso a uma interface web **completa** com permissões exclusivamente de leitura e seus membros possuem a permissão para efetuar testes de conectividade básico como ping e traceroute.

O nível chamado **configure** oferece acesso a uma interface web completa com permissões de escrita, porém seus membros não possuem permissão para criar novos usuários, fazer o upgrade de firmware ou efetuar o backup e restauração do arquivo de configuração do dispositivo.

O nível chamado **management** oferece acesso a uma interface web completa com permissões de escrita e sem nenhuma restrição de permissões como os outros níveis.

Em nosso exemplo, foram criados dois grupos. O primeiro grupo, chamado **fkit-admins**, recebeu o nível de acesso **management** enquanto o segundo grupo, chamado **fkit-users,** recebeu o nível de acesso **monitor**.

É importante destacar que, alguns modelos de switch não oferecem a configuração do grupo em sua interface web, no entanto, o administrador de rede é capaz de usar a linha de comando, a fim de gerenciar a configuração do grupo.

Após finalizar a criação dos grupos como demonstrado, lembre-se de salvar a sua configuração ao clicar na opção **Save** disponibilizada na parte superior direita da janela.

Caso seja necessário remover um grupo de usuários existente, selecione a guia **User group** e clique no ícone da lixeira ao lado do nome do grupo.

Pode ser que alguns leitores prefiram utilizar a linha de comando ao invés da interface web administrativa, sendo assim também demonstraremos como efetuar a criação de um grupo de usuários através da linha de comando.

Seja através da console, telnet ou ssh, conecte-se a linha de comando de seu switch e efetue login com um usuário que tenha permissão administrativa.

Caso se aplique ao seu modelo de switch, digite o comando **_cmdline-mode** para acessar a linha de comando secreta do dispositivo.

```
# _cmdline-mode on
```

Digite o comando abaixo para entrar em modo de configuração.

```
# system-view
```

Crie grupos de usuários através dos comandos abaixo.

```
# user-group FKIT-ADMIN
# authorization-attribute level 3

# user-group FKIT-USERS
# authorization-attribute level 1
# quit
```

Para definir o nível de acesso de um grupo será necessário especificar o atributo **authorization-attribute** em formato numérico, portanto deve-se ter conhecimento que os níveis de acesso visitor, monitor, configure e management apresentados anteriormente equivalem respectivamente aos números 0, 1, 2 e 3.

Para verificar sua configuração, execute o comando abaixo e confira o seu resumo.

```
# display user-group
```

Lembre-se de salvar a sua configuração através do comando abaixo.

```
# save
```

Para deletar um grupo existente, estando no modo de configuração, execute o comando abaixo e defina o grupo a ser removido.

```
# undo user-group FKIT-USERS
```

Criar Usuários

Ao finalizar a criação dos grupos será demonstrado o processo de criação de contas de usuários localmente no switch, portanto ao ser apresentado a tela inicial da interface administrativa, acesse o menu *Authentication* e clique na opção *Users* para ser enviado a tela de configuração de usuários e grupos.

Para criar um novo usuário, selecione a guia *Local User* e clique no botão *Add* para ser enviado a tela de criação de usuários.

Na tela de criação de usuários, defina um *username*, uma *senha*, selecione o *grupo* criado anteriormente, marque os *tipos de serviço* que o usuário deve ter acesso e clique no botão *Aplicar*.

Durante a configuração de um novo usuário será necessário selecionar os tipos de serviços que a conta deve ter autorização para acessar, portanto segue abaixo uma lista dos tipos de serviços disponíveis e suas respectivas descrições.

O tipo de serviço *ftp* autoriza o usuário em questão a se conectar remotamente através de ftp neste dispositivo.

O tipo de serviço *telnet* autoriza o usuário a se conectar remotamente na linha de comando deste switch através de um software cliente telnet como o putty.

O tipo de serviço *ssh* autoriza o usuário a se conectar remotamente na linha de comando deste switch através de um software cliente ssh como o putty.

O tipo de serviço *web* autoriza o usuário a se conectar remotamente na interface web através de um software navegador como o chrome.

O tipo de serviço *portal* autoriza o usuário a se conectar na rede caso sejam autenticados através de um website de autenticação interno do switch.

O tipo de serviço *lan-access* autoriza o usuário a se conectar no switch através do protocolo 802.1x.

Em nosso exemplo, foram criados dois usuários. O usuário chamado *luke* recebeu o nível de acesso *management* por fazer parte do grupo *fkit-admins*, enquanto o segundo usuário chamado *marcos* recebeu o nível de acesso *monitor* por fazer parte do grupo *fkit-users.*

Para verificar sua configuração, clique na opção *Logout* disponibilizada na parte superior direita da janela, tente acessar a interface web administrativa com uma das contas criadas anteriormente e verifique se o menu apresentado está de acordo com as permissões definidas.

É importante destacar que, alguns modelos de switch não oferecem a opção de configuração do usuário sob o menu de autenticação e em vez disso, oferecer a opção de configuração de usuário no menu *Devices*.

Após finalizar a criação dos usuários como demonstrado, lembre-se de salvar a sua configuração ao clicar na opção *Save* disponibilizada na parte superior direita da janela.

Caso seja necessário remover um usuário existente, acesse a guia *Local user* e clique no ícone da lixeira ao lado do nome do usuário.

Pode ser que alguns leitores prefiram utilizar a linha de comando ao invés da interface web administrativa, sendo assim também demonstraremos como efetuar a criação de um usuário através da linha de comando.

Seja através da console, telnet ou ssh, conecte-se a linha de comando de seu switch e efetue login com um usuário que tenha permissão administrativa.

Caso se aplique ao seu modelo de switch, digite o comando *_cmdline-mode* para acessar a linha de comando secreta do dispositivo.

```
#  cmdline-mode on
```

Digite o comando abaixo para entrar em modo de configuração.

```
# system-view
```

Crie novos usuários através dos comandos abaixo.

```
# local-user luke
# password simple  kamisama123@
# group FKIT-ADMIN
# service-type ssh telnet
# service-type web
# service-type terminal
# quit

# local-user marcos
# password simple  d0kutodod1a
# group FKIT-USERS
# service-type ssh telnet
# service-type web
# quit
```

Em nosso exemplo, o usuário chamado *luke* recebeu o nível de acesso *management* por fazer parte do grupo *fkit-admins,* este teve seu acesso liberado através da console e remotamente através de ssh, telnet e da interface web.

Em nosso exemplo, o usuário chamado *marcos* recebeu o nível de acesso *monitor* por fazer parte do grupo *fkit-users,* este teve seu acesso liberado remotamente através de ssh, telnet e da interface web.

Para verificar sua configuração, execute o comando abaixo e confira o seu resumo.

```
# display local-user
```

Lembre-se de salvar a sua configuração através do comando abaixo.

```
# save
```

 Para deletar um usuário existente, estando no modo de configuração, execute o comando abaixo e defina o usuário a ser removido.

```
# undo local-user marcos
```

Habilitar Acesso Remoto

Antes de liberar a utilização do acesso remoto para seus usuários será necessário efetuar a ativação individual de cada um dos serviços disponibilizados pelo switch, portanto ao ser apresentado a tela inicial da interface administrativa, acesse o menu **Network** e clique na opção **Service** para ser enviado a tela de configuração de serviços.

Ao acessar a página de gerenciamento, serão apresentadas seis opções de serviços de acesso remoto disponíveis no equipamento como demonstrado abaixo.

```
  Service

▶FTP                    ☐ Enable FTP service

Telnet                  ☑ Enable Telnet service

SSH                     ☑ Enable SSH service

SFTP                    ☐ Enable SFTP service

▶HTTP                   ☑ Enable HTTP service

▶HTTPS                  ☑ Enable HTTPS service
```

Para habilitar um serviço, marque a caixa de seleção desejada e clique no botão **Aplicar**.

Em nosso exemplo, foram habilitados os serviços telnet, ssh, http e https, porém como boa prática, deve-se tentar manter o mínimo de serviços habilitados e sempre optar por serviços que utilizem a criptografia de dados como o ssh e o https.

Após habilitar os serviços de acesso remoto como demonstrado, lembre-se de salvar a sua configuração ao clicar na opção **Save** disponibilizada na parte superior direita da janela.

Para verificar sua configuração, execute o software putty para que seja apresentada a tela abaixo.

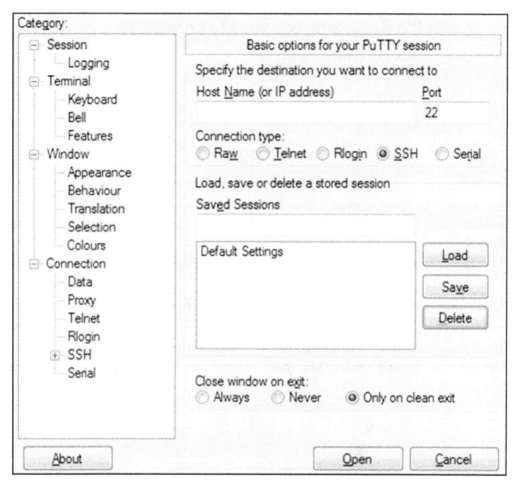

Para que o computador consiga se comunicar com o switch remotamente será necessário personalizar os parâmetros de sua conexão, portanto para testar sua comunicação através do telnet, selecione o tipo de conexão *telnet*, digite o *endereço* do switch a ser acessado remotamente e clique no botão *Aplicar*.

Para testar sua comunicação através do ssh, execute o software *putty*, selecione o tipo de conexão *ssh*, digite o *endereço* do switch a ser acessado remotamente e clique no botão *Aplicar*.

```
Specify the destination you want to connect to
Host Name (or IP address)              Port
192.168.1.11                            22
Connection type:
  ○ Raw   ○ Telnet   ○ Rlogin   ⦿ SSH   ○ Serial
```

Para testar sua comunicação através do http, abra seu navegador, digite o **endereço** do switch **precedido por http://** e acesse sua interface web administrativa.

Para testar sua comunicação através do https, abra seu navegador, digite o **endereço** do switch **precedido por https://** e acesse sua interface web administrativa.

Caso seja necessário desabilitar um serviço de acesso remoto, acesse a guia **Service, desmarque** a caixa de seleção desejada e clique no botão **Aplicar**.

Pode ser que alguns leitores prefiram utilizar a linha de comando ao invés da interface web administrativa, sendo assim também demonstraremos como habilitar os serviços de acesso remoto através da linha de comando.

Seja através da console, telnet ou ssh, conecte-se a linha de comando de seu switch e efetue login com um usuário que tenha permissão administrativa.

Caso se aplique ao seu modelo de switch, digite o comando **_cmdline-mode** para acessar a linha de comando secreta do dispositivo.

```
#_cmdline-mode on
```

Digite o comando abaixo para entrar em modo de configuração.

```
# system-view
```

Execute o comando abaixo para habilitar o serviço telnet em seu switch.

```
# telnet server enable
```

Execute o comando abaixo para desabilitar o serviço telnet em seu switch.

```
# undo telnet server enable
```

Execute o comando abaixo para habilitar o serviço ssh em seu switch.

```
# ssh server enable
```

Execute o comando abaixo para verificar o status do serviço ssh em seu switch.

```
# display ssh server status
```

Execute o comando abaixo para desabilitar o serviço ssh em seu switch.

```
# undo ssh server enable
```

Configure o acesso remoto através de telnet e ssh para efetuar a solicitação de autenticação através da utilização de usuário e senha.

```
# user-interface vty 0 15
# authentication-mode scheme
```

Execute o comando abaixo para habilitar a interface web administrativa http em seu switch.

```
# ip http enable
```

Execute o comando abaixo para verificar o status do serviço http em seu switch.

```
# display ip http
```

Execute o comando abaixo para desabilitar a interface web administrativa http em seu switch.

```
# undo ip http enable
```

Execute o comando abaixo para habilitar a interface web administrativa https em seu switch.

```
# ip https enable
```

Execute o comando abaixo para verificar o status do serviço https em seu switch.

```
# display ip https
```

Execute o comando abaixo para desabilitar a interface web administrativa https em seu switch.

```
# undo ip https enable
```

Lembre-se de salvar a sua configuração através do comando abaixo.

```
# save
```

Conclusão

Este capítulo ensinou de maneira prática como efetuar o gerenciamento de contas de usuários locais e também demonstrou como habilitar os serviços de acesso remoto do dispositivo.

Durante este capítulo foi possível acompanhar a jornada de Luke enquanto este efetuava a configuração dos switches para o projeto de criação de uma nova rede corporativa e atendia aos seguintes requisitos de escopo listados no documento chamado ***requisitos da nova rede corporativa***:

• Deve ser possível gerenciar os switches remotamente através de telnet, ssh e http
• Deve ser possível utilizar diferentes níveis de acesso aos switches

Ao final deste capítulo o leitor deve se sentir confiante e ser capaz de efetuar a criação de contas locais de usuários e também ativar o recurso de acesso remoto em um switch de sua rede.

Para reforçar o aprendizado, foram publicados em nosso canal do youtube os seguintes vídeos que demonstram a utilização das técnicas apresentadas ao longo deste capítulo:

• HP Switch – Gerenciar usuários
• HP Switch – Como configurar o telnet
• HP Switch – Como configurar o ssh
• HP Switch – Como configurar o https

– Capítulo 05 –

REDES VIRTUAIS

Ao finalizar a configuração básica e liberar o acesso remoto aos seus equipamentos, Luke decide que por motivos de segurança é chegada a hora de criar grupos de trabalho e com isso separar os servidores da empresa das estações de trabalho através da utilização de vlans.

Certificações de segurança da informação como a ISO 27001 exigem a implantação de controles de acesso como a segregação da rede baseada em grupos de usuários ou serviços para diminuir o risco de acesso não autorizado a rede.

Vlan trata-se de um termo genérico que define a utilização de uma rede lógica para efetuar o agrupamento de equipamentos da maneira desejada, portanto através de utilização de vlans é possível criar vários grupos de equipamentos isolados logicamente mesmo que estejam conectado fisicamente no mesmo switch.

Este capítulo tem o objetivo de demonstrar como efetuar a configuração de vlans em um switch através de uma abordagem detalhada passo a passo, e com isso ensinar, ou esclarecer dúvidas que o leitor possa ter sobre este assunto.

Durante este capítulo serão apresentadas as seguintes tarefas relacionadas a implantação do projeto da nova rede corporativa:

• Como criar uma vlan
• Como conectar um dispositivo em uma vlan
• Como conectar dois switches através da utilização de trunk

Todos os ensinamentos deste capítulo serão apresentados de maneira prática utilizando o ponto de vista do analista Luke durante a implantação de seu projeto.

Criar Vlan

Após um breve planejamento, foi decidido que deveriam existir dois grupos de computadores que devem separar os servidores das estações de trabalho utilizadas pelos colaboradores da empresa.

Em nosso exemplo, os computadores que desempenham o papel de servidores devem fazer parte da vlan 10, enquanto os desktops e laptops utilizados pelos colaboradores da empresa devem fazer parte da vlan 20.

Ao ser apresentado a tela inicial da interface administrativa, acesse o menu *Network* e clique na opção *VLAN* para ser enviado a tela de configuração de vlan.

Para criar uma nova vlan, selecione a guia *Create*, digite um identificador numérico para a rede virtual e clique em *Create*.

Durante a criação de uma vlan é possível definir uma descrição para sua rede virtual, portanto selecione a vlan criada anteriormente, digite uma breve descrição e clique no botão *Aplicar*.

Modify VLAN description (Note: you can do this later on the Modify VLAN page)		
Modify the description of the selected VLAN:		
ID	Description	
1	SERVERS	(1-32 Chars.)
		Apply

Em nosso exemplo, foram criadas duas vlans. A primeira vlan recebeu o número de identificação 10 e a descrição Servidores enquanto a segunda vlan recebeu o número de identificação 20 e a descrição desktops.

Após finalizar a criação das vlans como demonstrado, lembre-se de salvar a sua configuração ao clicar na opção *Save* disponibilizada na parte superior direita da janela.

Caso seja necessário remover uma vlan existente, acesse a guia *Remove*, selecione a vlan desejada e clique no botão *Remove*.

Pode ser que alguns leitores prefiram utilizar a linha de comando ao invés da interface web administrativa, portanto também demonstraremos como efetuar a criação de uma vlan através da linha de comando.

Seja através da console, telnet ou ssh, conecte-se a linha de comando de seu switch e efetue login com um usuário que tenha permissão administrativa.

Caso se aplique ao seu modelo de switch, digite o comando *_cmdline-mode* para acessar a linha de comando secreta do dispositivo.

```
#_cmdline-mode on
```

Digite o comando abaixo para entrar em modo de configuração.

```
# system-view
```

Crie uma nova vlan, adicione um número de identificação e uma descrição.

```
# vlan 10
# description SERVIDORES

# vlan 20
# description DESKTOP
# quit
```

Para verificar sua configuração, execute o comando abaixo e confira o seu resumo.

```
# display vlan
```

Lembre-se de salvar a sua configuração através do comando abaixo.

```
# save
```

Para deletar uma vlan existente, estando no modo de configuração, execute o comando abaixo e defina a vlan a ser removida.

```
# undo vlan 10
```

Configurar Vlan

Ao finalizar a criação das vlans será demonstrado o processo de configuração de uma porta do switch como membro de uma vlan, portanto ao ser apresentado a tela inicial da interface administrativa, acesse o menu *Network* e clique na opção *VLAN* para ser enviado a tela de configuração de vlan.

Para configurar uma porta do switch como membro de uma vlan, acesse a guia *Modify port*, selecione a porta que deseja configurar, marque a opção *Link Type*, selecione o tipo de link *access* e clique no botão *Aplicar*.

O tipo de link *access* determina que essa porta faz parte exclusivamente de uma única vlan e portanto todo dispositivo conectado nessa porta será associado automaticamente com essa vlan sem a necessidade de nenhuma configuração adicional no dispositivo conectado.

Feito isso, a porta do switch estará em modo acesso bastando apenas associar uma vlan para finalizar sua configuração, portanto selecione a porta que deseja configurar, marque a opção *Untagged*, digite o identificador numérico da vlan desejada e clique no botão *Aplicar*.

O tipo *untagged*, determina que todo tráfego enviado ou recebido através da porta selecionada não deve utilizar as marcações de vlan, com isso toda configuração de vlan passa a ser transparente para o dispositivo final conectado na porta.

Em nosso exemplo, a primeira porta do switch foi configurada em modo acesso e associada com a vlan de servidores que utiliza o identificador numérico 10, portanto qualquer dispositivo que seja conectado nessa porta será associado automaticamente a vlan de servidores sem a necessidade de nenhuma configuração adicional.

Para verificar sua configuração, acesse a guia *Port detail*, selecione a porta desejada e verifique se as informações apresentadas estão de acordo com suas necessidades.

Ao acessar a guia **Port detail** e selecionar uma porta que ainda não tenha sido alterada é possível verificar que, por padrão, todas as portas do switch são configuradas em modo acesso e associadas com a vlan 1.

Após finalizar a configuração da vlan como demonstrado, lembre-se de salvar a sua configuração ao clicar na opção **Save** disponibilizada na parte superior direita da janela.

Pode ser que alguns leitores prefiram utilizar a linha de comando ao invés da interface web administrativa, sendo assim também demonstraremos como efetuar a configuração de uma porta do switch como membro de uma vlan em modo de acesso através da linha de comando.

Seja através da console, telnet ou ssh, conecte-se a linha de comando de seu switch e efetue login com um usuário que tenha permissão administrativa.

Caso se aplique ao seu modelo de switch, digite o comando **_cmdline-mode** para acessar a linha de comando secreta do dispositivo.

```
#  cmdline-mode on
```

Digite o comando abaixo para entrar em modo de configuração.

```
# system-view
```

Configure a porta do switch em modo acesso e associe uma vlan existente como demonstrado abaixo.

```
# interface GigabitEthernet1/0/1
# port link-type access
# port access vlan 10
```

Para verificar sua configuração, execute o comando abaixo e confira o resumo de sua configuração de portas.

```
# display interface brief
```

Lembre-se de salvar a sua configuração através do comando abaixo.

```
# save
```

Para remover a configuração da porta, execute os comandos abaixo.

```
# interface GigabitEthernet1/0/1
# undo port link-type
# undo port access vlan
```

Configurar Trunk

Ao finalizar a criação das vlans será demonstrado o processo de configuração de uma porta do switch como trunk, portanto ao ser apresentado a tela inicial da interface administrativa, acesse o menu *Network* e clique na opção *VLAN* para ser enviado a tela de configuração de vlan.

Para configurar uma porta do switch como trunk, acesse a guia *Modify port*, selecione a porta que deseja configurar, marque a opção *Link Type*, selecione a tipo de link *trunk* e clique no botão *Aplicar*.

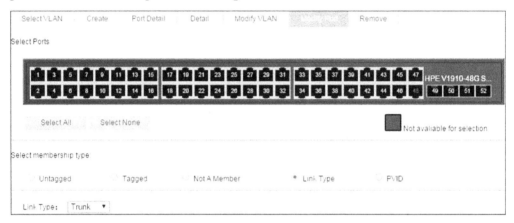

O tipo de link *trunk* determina que a porta selecionada é capaz de enviar e receber o tráfego de múltiplas vlans. Geralmente, este modo é utilizado para conectar dois switches e com isso permitir a comunicação entre dispositivos de uma mesma vlan que estejam conectados fisicamente em switches distintos.

Feito isso, a porta do switch estará em modo trunk mas ainda será necessário executar duas tarefas para finalizar sua configuração.

Primeiro, será necessário associar uma lista de vlans autorizadas a passarem pela porta, portanto selecione a porta que deseja configurar, marque a opção *Tagged*, digite o identificador numérico das *vlans autorizadas* separadas por vírgula e clique no botão *Aplicar*.

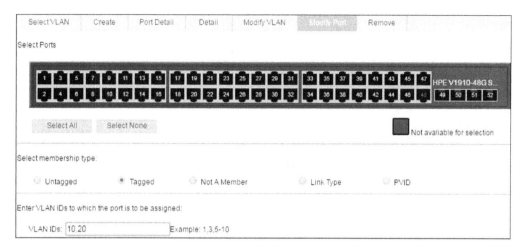

Como segundo passo, será necessário definir qual a vlan padrão utilizada pelo trunk, portanto selecione a porta que deseja configurar, marque a opção **Untagged**, digite o identificador numérico da **vlan padrão** desejada e clique no botão **Aplicar**.

Em nosso exemplo, a porta de número 48 do switch foi configurada em modo trunk, o tráfego das vlans 1,10 e 20 foi autorizado e foi determinado que a vlan 1 será considerada a vlan padrão deste trunk.

Caso o switch receba um pacote na porta de número 48 sem nenhuma identificação de vlan, o dispositivo vai **assumir automaticamente** que este pacote faz parte da vlan padrão de número 1.

É importante compreender que para funcionar corretamente a porta de trunk do **switch A** deve ser configurada da mesma maneira que a porta de trunk do **switch B**. Em nosso exemplo, a porta de número 48 do switch **fkit-sw01** foi configurada da mesma maneira que a porta de número 48 do switch **fkit-sw02**.

Para verificar sua configuração, acesse a guia **Port detail**, selecione a porta desejada e verifique se as informações apresentadas estão de acordo com suas necessidades.

Após finalizar a configuração do trunk como demonstrado, lembre-se de salvar a sua configuração ao clicar na opção **Save** disponibilizada na parte superior direita da janela.

Pode ser que alguns leitores prefiram utilizar a linha de comando ao invés da interface web administrativa, sendo assim também demonstraremos como efetuar a configuração de uma porta do switch em modo trunk através da linha de comando.

Seja através da console, telnet ou ssh, conecte-se a linha de comando de seu switch e efetue login com um usuário que tenha permissão administrativa.

Caso se aplique ao seu modelo de switch, digite o comando **_cmdline-mode** para acessar a linha de comando secreta do dispositivo.

```
# cmdline-mode on
```

Digite o comando abaixo para entrar em modo de configuração.

```
# system-view
```

Configure a porta do switch em modo trunk, configure a vlan padrão do trunk e defina a lista de vlans autorizadas como demonstrado abaixo.

```
# interface GigabitEthernet1/0/48
# port link-type trunk
# port trunk pvid vlan 1
# port trunk permit vlan 1 10 20
```

Para verificar sua configuração, execute o comando abaixo e confira o resumo de sua configuração de portas.

```
# display  port trunk
```

Lembre-se de salvar a sua configuração através do comando abaixo.

```
# save
```

Para remover a configuração da porta, execute os comandos abaixo.

```
# interface GigabitEthernet1/0/48
# undo port link-type
```

Configurar Modo Híbrido

Ao revisar os ensinamentos deste capítulo, é possível afirmar que uma porta do switch configurada em modo de acesso permite a passagem de uma única vlan sem a necessidade de nenhuma marcação nos pacotes, enquanto isso uma porta do switch em modo trunk permite a passagem de múltiplas vlans com marcação de pacote mas *apenas uma vlan* sem a necessidade de marcação nos pacotes.

Uma porta em modo híbrido combina as características de uma porta em modo de acesso com uma porta em modo trunk, por este motivo é capaz de permitir a passagem de múltiplas vlans sejam marcadas ou não.

Após avaliar os requisitos de seu projeto, Luke chegou à conclusão que para implantar a nova rede corporativa não será necessário utilizar interfaces em modo híbrido, portanto a configuração a seguir será demonstrada apenas para fins didáticos.

Para configurar uma interface de rede em modo híbrido, acesse a guia *Modify port*, selecione a porta que deseja configurar, marque a opção *Link Type*, selecione o tipo de link *hybrid* e clique no botão *Aplicar*.

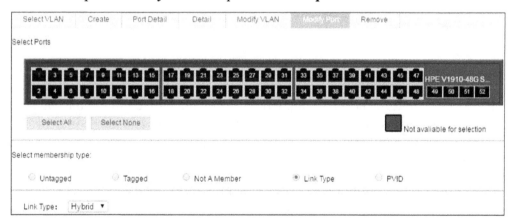

Feito isso, a porta do switch estará em modo híbrido mas ainda será necessário executar duas tarefas para finalizar sua configuração.

Primeiro, será necessário associar uma lista de vlans com tag autorizadas a passarem pela porta, portanto selecione a porta que deseja configurar, marque a opção *Tagged*, digite o identificador numérico das *vlans autorizadas* separadas por vírgula e clique no botão *Aplicar*.

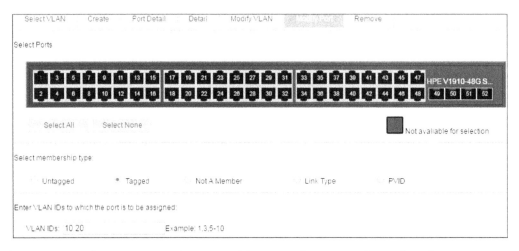

Como segundo passo, será necessário associar uma lista de vlans sem tag autorizadas a passarem pela porta, portanto selecione a porta que deseja configurar, marque a opção **Untagged**, digite o identificador numérico das **vlans autorizadas** separadas por vírgula e clique no botão **Aplicar**.

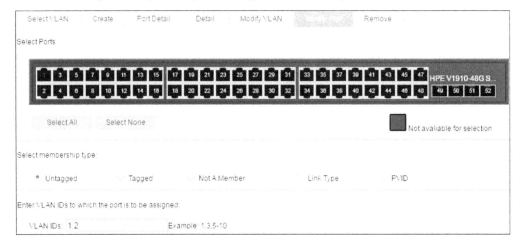

Em nosso exemplo, a porta de número 1 do switch foi configurada em modo híbrido, o tráfego das vlans 1 e 2 foi autorizado sem a necessidade de marcação de pacotes enquanto o tráfego das vlans 10 e 20 foi autorizado com a necessidade de marcação de pacotes.

Para verificar sua configuração, acesse a guia **Port detail**, selecione a porta desejada e verifique se as informações apresentadas estão de acordo com suas necessidades.

Port	Untagged Membership	Tagged Membership	Link Type	PVID
GE1/0/1 1-2		10,20	Hybrid	1

Após finalizar a configuração como demonstrado, lembre-se de salvar a sua configuração ao clicar na opção *Save* disponibilizada na parte superior direita da janela.

Pode ser que alguns leitores prefiram utilizar a linha de comando ao invés da interface web administrativa, sendo assim também demonstraremos como efetuar a configuração de uma porta do switch em modo híbrido através da linha de comando.

Seja através da console, telnet ou ssh, conecte-se a linha de comando de seu switch e efetue login com um usuário que tenha permissão administrativa.

Caso se aplique ao seu modelo de switch, digite o comando *_cmdline-mode* para acessar a linha de comando secreta do dispositivo.

```
# _cmdline-mode on
```

Digite o comando abaixo para entrar em modo de configuração.

```
# system-view
```

Configure a porta do switch em modo híbrido, configure as vlans autorizadas com marcação e as vlans autorizadas sem marcação como demonstrado abaixo.

```
# interface GigabitEthernet1/0/1
# port link-type hybrid
# port hybrid vlan 10 20 tagged
# port hybrid vlan 1 2 untagged
```

Em nosso exemplo, a porta de número 1 do switch foi configurada em modo híbrido, o tráfego das vlans 1 e 2 foi autorizado sem a necessidade de marcação de pacotes enquanto o tráfego das vlans 10 e 20 foi autorizado com a necessidade de marcação de pacotes.

Para verificar sua configuração, execute o comando abaixo e confira o resumo de sua configuração de portas.

```
# display port hybrid
```

Lembre-se de salvar a sua configuração através do comando abaixo.

```
# save
```

Para remover a configuração da porta, execute os comandos abaixo.

```
# interface GigabitEthernet1/0/1
# undo port link-type
```

Conclusão

Este capítulo ensinou de maneira prática como efetuar o gerenciamento de vlans e também demonstrou como efetuar a conexão entre switches através da utilização de um trunk.

Durante este capítulo foi possível acompanhar a jornada de Luke enquanto este efetuava a configuração dos switches para o projeto de criação de uma nova rede corporativa e atendia aos seguintes requisitos de escopo listados no documento chamado ***requisitos da nova rede corporativa***:

• Os servidores devem ser isolados em uma vlan exclusiva
• As estações de trabalho devem ser isoladas em uma vlan exclusiva

Ao final deste capítulo o leitor deve se sentir confiante e ser capaz de efetuar a criação de uma vlan, configurar uma porta como membro de uma vlan e permitir a comunicação entre dispositivos da mesma vlan conectados em switches diferentes através da utilização de trunk:

Para reforçar o aprendizado, foram publicados em nosso canal do youtube os seguintes vídeos que demonstram a utilização das técnicas apresentadas ao longo deste capítulo:

• HP Switch – Configuração de Vlan
• HP Switch – Configuração de trunk

– Capítulo 06 –

ROTEAMENTO ENTRE VLANS

A utilização de vlans é responsável por efetuar o isolamento lógico de dispositivos através da criação de grupos de trabalho, por isso é possível afirmar que uma estação de trabalho conectada na vlan de número 20 não será capaz de se comunicar com um servidor conectado na vlan de número 10.

Para habilitar a comunicação entre dispositivos conectados em vlans distintas é necessário efetuar a instalação e configuração de um dispositivo com capacidade de roteamento que será responsável por conectar as diferentes vlans envolvidas no projeto.

Durante o planejamento apresentado no primeiro capítulo deste livro, Luke analisou os requisitos das partes interessadas e decidiu efetuar a compra dos modelos de switch 1910 e A5500 para efetuar a implantação do projeto.

Dentre os switches adquiridos para o projeto da nova rede corporativa o modelo A5500 foi o selecionado como o principal switch da rede e será responsável por efetuar o roteamento entre as vlans.

Durante este capítulo serão apresentadas as seguintes tarefas relacionadas a implantação do projeto da nova rede corporativa:

• Como efetuar o primeiro acesso ao switch através da console
• Como efetuar seu primeiro acesso ao switch através da interface web
• Como efetuar a configuração de um endereço no switch
• Como habilitar o roteamento entre vlans
• Como criar uma rota estática padrão
• Como instalar um servidor dhcp

Todos os ensinamentos deste capítulo serão apresentados de maneira prática utilizando o ponto de vista do analista Luke durante a implantação de seu projeto e a ***configuração do switch modelo A5500.***

Configuração Inicial

É importante destacar que as configurações iniciais do modelo de switch A5500 não são idênticas as do modelo 1910 que foram apresentadas no segundo capítulo deste livro, portanto segue abaixo a lista de configurações específicas para este modelo.

Inicialmente, efetue a instalação física de seu equipamento no rack e conecte um computador na interface de gerenciamento do switch através de um cabo conhecido como **cabo console.**

Ao terminar de efetuar a conexão física entre o computador e a interface de gerenciamento do switch será necessário utilizar um software específico para acessar a interface de configuração do dispositivo, portanto acesse o website **putty.org** e efetue o download do software putty.

Para que o computador consiga se comunicar com este modelo de switch através do cabo console será necessário personalizar os parâmetros de conexão, portanto execute o software **putty**, selecione a categoria **serial** e efetue as seguintes configurações.

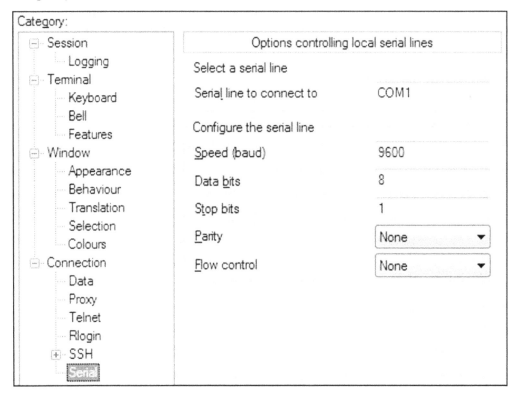

O parâmetro **Serial line** específica o número da porta de comunicação que o computador deve utilizar para se comunicar com o switch. Em nosso exemplo, foi definido que o computador deve utilizar a porta de comunicação com1 para se comunicar com o switch.

Note que o número da porta de comunicação utilizada pode variar, caso não seja possível utilizar a porta de comunicação **com1** deve-se tentar utilizar a próxima porta de comunicação **com2**, e assim sucessivamente.

O parâmetro **Speed** determina a taxa de transmissão que deve ser utilizada para se comunicar com o switch. Em nosso exemplo, foi definido que o computador deve utilizar a taxa de transmissão de 9600 bits conforme indicado pelo manual do produto.

O parâmetro **Data bits** determina a quantidade de bits contendo informações que podem ser enviada de uma vez para o switch. Em nosso exemplo, foi definido que o computador deve enviar pacotes contendo 8 bits de dados para o switch, conforme indicado pelo manual do produto.

O parâmetro **Stop bits** determina a quantidade de bits que deve ser utilizada para sinalizar um intervalo ou final na comunicação com o switch. Em nosso exemplo, foi definido que o computador deve utilizar 1 bit para sinalizar um intervalo, ou o final da comunicação, conforme indicado pelo manual do produto.

O parâmetro **Parity** era utilizado antigamente para detectar falhas na comunicação devido a interferência mas atualmente este parâmetro não é mais utilizado. Em nosso exemplo, foi definido que o parâmetro de paridade não deve ser utilizado.

O parâmetro **Flow control** era utilizado antigamente para determinar qual mecanismo de controle de fluxo deveria ser utilizado mas atualmente este parâmetro não é mais utilizado. Em nosso exemplo, foi definido que o parâmetro de controle de fluxo não deve ser utilizado.

Após configurar os parâmetros da conexão serial como demonstrado, acesse a categoria **session,** selecione a opção **Serial** e pressione o botão **Open** para que tenha início a comunicação entre o switch e o computador.

Ao clicar no botão **Open,** deve ser apresentada uma tela de acesso a console.

Em nosso exemplo, foi demonstrado como efetuar o acesso inicial a linha de comando do switch que será responsável pelo roteamento entre as vlans no projeto da nova rede.

É importante destacar que este modelo de switch vai permitir o acesso a console sem solicitar nenhum tipo de autenticação, portanto será necessário efetuar a criação de um usuário com permissões administrativas e configurar a console para solicitar a autenticação através de usuário e senha.

Digite o comando abaixo para entrar em modo de configuração.

```
# system-view
```

Crie um grupo de usuários com permissões administrativas.

```
# user-group FKIT-ADMIN
# authorization-attribute level 3
```

Para verificar sua configuração, execute o comando abaixo e confira o seu resumo.

```
# display user-group
```

Crie um usuário com permissões administrativas.

```
# local-user admin
# password simple  kamisama123@
# group FKIT-ADMIN
# service-type terminal
# service-type ssh telnet
# service-type web
```

Em nosso exemplo, o usuário chamado **admin** recebeu o nível de acesso **management** por fazer parte do grupo **fkit-admins,** este teve seu acesso liberado através da console e remotamente através de ssh, telnet e da interface web.

Para verificar sua configuração, execute o comando abaixo e confira o seu resumo.

```
# display local-user
```

Como medida de segurança, configure a console do switch para efetuar a solicitação de autenticação através da utilização de usuário e senha.

```
# user-interface aux 0
# authentication-mode scheme
```

Para testar sua configuração, finalize sua sessão de acesso a console através do comando **quit** e tente efetuar login através do usuário **admin** e sua senha criada anteriormente.

Configurar Endereço Administrativo

Durante a fase de configuração inicial do switch será necessário que o responsável pelo projeto defina um endereço administrativo que será utilizado para acessar remotamente o equipamento.

Acesse a linha de comando do principal switch da rede e digite o comando abaixo para entrar em modo de configuração.

```
# system-view
```

Para configurar o endereço administrativo do switch, acesse a interface virtual padrão *vlan-interface1*, utilize o comando *ip address* e passe como parâmetros o endereço desejado e sua máscara de rede.

```
# int Vlan-interface 1
# ip address 192.168.1.1 255.255.255.0
```

Após finalizar a configuração, verifique o endereço administrativo de seu switch através do comando display interface vlan1.

```
# display interface Vlan-interface 1
```

Para testar sua configuração, conecte um computador a qualquer porta do dispositivo e configure um endereço na mesma rede do switch como demonstrado abaixo.

General

You can get IP settings assigned automatically if your network supports this capability. Otherwise, you need to ask your network administrator for the appropriate IP settings.

○ Obtain an IP address automatically
◉ Use the following IP address:

IP address: 192 . 168 . 1 . 5
Subnet mask: 255 . 255 . 255 . 0
Default gateway: 192 . 168 . 1 . 1

Ao terminar de efetuar a configuração do endereço no computador, acesse a console do switch, saia do modo de configuração e tente efetuar um ping para o endereço do computador.

```
# quit
# ping 192.168.1.5
```

Como próximo passo, acesse novamente a console do switch em modo de configuração e execute o comando abaixo para habilitar a interface web administrativa.

```
# ip http enable
```

Ao terminar as configurações necessárias, abra seu navegador, digite o endereço do switch e acesse sua interface web administrativa.

Ao ser apresentado a interface web administrativa do switch, entre com o usuário cadastrado anteriormente, sua senha e digite o código de verificação.

Após efetuar login com sucesso, será apresentada a tela inicial da interface administrativa onde para salvar sua configuração o usuário deve clicar na opção *Save* disponibilizada na parte superior direita da janela.

Em nosso exemplo, foi demonstrado como efetuar a configuração de um endereço administrativo através da linha de comando, como acessar a interface web administrativa e como salvar sua configuração.

Tipos de Dispositivos

Ao analisar os requisitos do projeto, foi definido que devem existir quatro tipos de dispositivos autorizados a se conectar na nova rede corporativa da empresa. Segue abaixo a lista dos dispositivos e suas respectivas descrições.

Os servidores da empresa devem se conectar na vlan de servidores que é identificada pelo número **10** e precisam ser configurados manualmente com um endereço da rede 192.168.**10**.0/24.

As estações de trabalho da empresa devem se conectar na vlan de desktop que é identificada pelo número **20** e devem receber um endereço da rede 192.168.**20**.0/24 automaticamente através do servidor dhcp.

Os telefones da empresa devem utilizar a vlan de telefonia que é identificada pelo número *30* e devem receber um endereço da rede 192.168.**30**.0/24 automaticamente através do servidor dhcp.

Os computadores de visitantes externos devem se conectar na vlan de visitantes que é identificada pelo número **40** e devem receber um endereço da rede 192.168.**40**.0/24 automaticamente através do servidor dhcp.

Descrição Passo a Passo

O processo de roteamento entre vlans é complexo e requer toda a atenção do analista para que os inúmeros passos necessários sejam compreendidos e executados com perfeição, em vista disso segue abaixo uma lista das tarefas necessárias e suas respectivas descrições.

Como primeiro passo, será necessário efetuar a criação de todas as vlans do projeto no switch da rede que será responsável pelo roteamento entre as redes virtuais.

Como segundo passo, será necessário efetuar a criação de todas as interfaces virtuais no switch da rede que será responsável pelo roteamento entre as redes virtuais.

Como terceiro passo, será necessário efetuar a criação de uma rota estática padrão no switch da rede para que este seja capaz de conectar os dispositivos da rede interna com a internet.

Como quarto passo, será necessário efetuar a instalação de um servidor dhcp que será responsável por atribuir endereços automaticamente para os dispositivos conectados nas vlans de desktops, visitantes e telefonia.

Criar Vlan

O primeiro passo da solução consiste na criação de todas as vlans do projeto no switch da rede que será responsável pelo roteamento entre as redes virtuais.

Ao ser apresentado a tela inicial da interface administrativa, acesse o menu *Network* e clique na opção *VLAN* para ser enviado a tela de configuração de vlan.

Para criar múltiplas vlans, selecione a guia *Create*, digite os identificadores numéricos separados por vírgula e clique em *Create*.

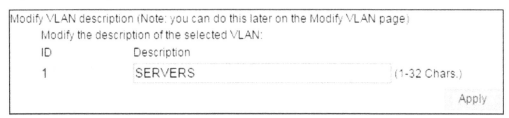

Caso deseje definir uma descrição para suas redes virtuais, selecione individualmente cada vlan criada anteriormente, digite uma breve descrição e clique no botão *Aplicar*.

```
Modify VLAN description (Note: you can do this later on the Modify VLAN page)
   Modify the description of the selected VLAN:
   ID              Description
   1               SERVERS                              (1-32 Chars.)
                                                            Apply
```

Em nosso exemplo, todas as vlans necessárias para a implantação do projeto foram criadas e receberam suas respectivas descrições.

Pode ser que alguns leitores prefiram utilizar a linha de comando ao invés da interface web administrativa, sendo assim também demonstraremos como efetuar a criação de uma vlan através da linha de comando.

Seja através da console, telnet ou ssh, conecte-se a linha de comando de seu switch e efetue login com um usuário que tenha permissão administrativa.

Digite o comando abaixo para entrar em modo de configuração.

```
# system-view
```

Crie as vlans necessárias para a implantação do projeto através dos comandos abaixo.

```
# vlan 10
# description SERVIDORES

# vlan 20
# description DESKTOP

#vlan 30
# description VOIP

# vlan 40
# description VISITANTES
# quit
```

Para verificar sua configuração, execute o comando abaixo e confira o seu resumo.

```
# display vlan
```

Lembre-se de salvar a sua configuração através do comando abaixo.

```
# save
```

Criar Interface Virtual

O segundo passo da solução consiste na criação de todas as interfaces virtuais necessárias no switch da rede que será responsável pelo roteamento entre as redes virtuais.

Antigamente, para que o roteamento entre duas redes ocorresse, era obrigatório que um dispositivo tivesse duas interfaces físicas e cada uma das interfaces estivesse conectada a uma das redes

Atualmente, a utilização de interfaces físicas não é mais obrigatória pois é possível efetuar a utilização de interfaces virtuais que podem desempenhar a mesma função.

Em nosso exemplo, o principal switch da rede vai efetuar o roteamento entre as vlans do projeto da nova rede corporativa através da utilização de interfaces virtuais.

Após criar as vlans necessárias, acesse o menu *Network* e clique na opção *VLAN Interface* para ser enviado a tela de configuração de interfaces virtuais.

Para criar uma interface virtual, selecione a guia *Create*, marque a opção *configure ipv4 address*, desmarque a opção *Configure ipv6 link local address*, digite o identificador de uma vlan existente, selecione a opção de configuração *Manual*, digite tanto o endereço quanto a máscara desejada e clique em *Aplicar*.

Ao finalizar a criação da primeira interface virtual, repita o processo para todas as vlans envolvidas no projeto até que a tarefa seja concluída. Em nosso exemplo, foram criadas as interfaces 10, 20, 30 e 40.

Em nosso exemplo, a interface virtual chamada *Vlan-interface10* foi configurada com o endereço 192.168.**10.1** e a máscara de rede 255.255.255.0.

Em nosso exemplo, a interface virtual chamada *Vlan-interface20* foi configurada com o endereço 192.168.**20.1** e a máscara de rede 255.255.255.0.

Em nosso exemplo, a interface virtual chamada *Vlan-interface30* foi configurada com o endereço 192.168.**30.1** e a máscara de rede 255.255.255.0.

Em nosso exemplo, a interface virtual chamada *Vlan-interface40* foi configurada com o endereço 192.168.**40.1** e a máscara de rede 255.255.255.0.

Pode ser que alguns leitores prefiram utilizar a linha de comando ao invés da interface web administrativa, sendo assim também demonstraremos como efetuar a criação de uma interface virtual através da linha de comando.

Seja através da console, telnet ou ssh, conecte-se a linha de comando de seu switch e efetue login com um usuário que tenha permissão administrativa.

Digite o comando abaixo para entrar em modo de configuração.

```
# system-view
```

Crie as interfaces virtuais necessárias através dos comandos abaixo.

```
# interface Vlan-interface10
# ip address 192.168.10.1 255.255.255.0
# undo shutdown

# interface Vlan-interface20
# ip address 192.168.20.1 255.255.255.0
# undo shutdown

# interface Vlan-interface30
# ip address 192.168.30.1 255.255.255.0
# undo shutdown

# interface Vlan-interface40
# ip address 192.168.40.1 255.255.255.0
# undo shutdown
```

Para verificar sua configuração, execute o comando abaixo e confira o seu resumo.

```
# display interface Vlan-interface 10

Vlan-interface10 current state: UP
Line protocol current state: UP
```

Para que a solução de roteamento entre vlans funcione corretamente as interfaces virtuais envolvidas no processo devem estar ligadas, ou seja, em modo **up/up** como demonstrado acima.

Pode ser que alguma interface virtual específica permaneça desligada, ou seja, em modo **down/down** caso o switch não possua ao menos uma de suas portas associada com essa vlan.

Pode ser que alguma interface virtual específica permaneça desligada, ou seja, em modo **down/down** caso o switch não possua ao menos uma de suas portas configuradas em modo trunk permitindo a passagem dessa vlan.

Após terminar a configuração das interfaces virtuais e se certificar de que todas as interfaces virtuais estão ligadas, é possível afirmar que o roteamento entre as vlans foi configurado com sucesso.

Em nosso exemplo, todas as interfaces virtuais necessárias foram criadas com sucesso no switch e por isso podemos afirmar que dispositivos conectados nas vlans 10, 20, 30 e 40 serão capazes de se comunicar desde que utilizem os endereços das interfaces virtuais do principal switch da rede como gateway padrão.

Configurar a Rota Padrão

O terceiro passo da solução consiste na criação da rota padrão do principal switch da rede que será utilizada para rotear todo trafego da rede corporativa destinado a internet através do firewall da empresa que será responsável por conectar à rede interna com a rede pública.

Ao ser apresentado a tela inicial da interface administrativa, acesse o menu **Network** e clique na opção **IPV4 Routing** para ser enviado a tela de configuração de rotas.

Para criar uma nova rota, selecione a guia **Create**, digite o endereço de rede, sua máscara de rede e clique em **Aplicar**.

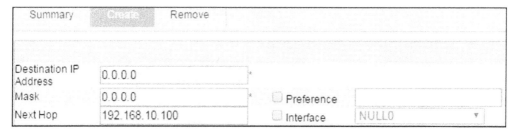

Em nosso exemplo, foi cadastrada uma rota padrão estática apontando para o firewall da empresa que utiliza o endereço 192.168.10.100 e será responsável por conectar à rede interna com a Internet.

Pode ser que alguns leitores prefiram utilizar a linha de comando ao invés da interface web administrativa, sendo assim também demonstraremos como efetuar a criação de uma rota padrão estática através da linha de comando.

Seja através da console, telnet ou ssh, conecte-se a linha de comando de seu switch e efetue login com um usuário que tenha permissão administrativa.

Digite o comando abaixo para entrar em modo de configuração.

```
# system-view
```

Crie uma rota estática padrão através dos comandos abaixo.

```
# ip route-static 0.0.0.0 0.0.0.0 192.168.10.100
```

Para verificar a tabela de roteamento, execute o comando abaixo.

```
# display ip routing-table
```

Lembre-se de salvar a sua configuração através do comando abaixo.

```
# save
```

Instalar servidor DHCP

O quarto passo da solução consiste na instalação de um servidor dhcp que será responsável pela distribuição de endereços automaticamente para as vlans de desktop, telefonia e de visitantes.

Ao ser apresentado a tela inicial da interface administrativa, acesse o menu *Network* e clique na opção *DHCP* para ser enviado a tela de configuração do serviço.

Para habilitar o serviço dhcp globalmente, selecione a opção *Enable* e clique no botão *Aplicar*

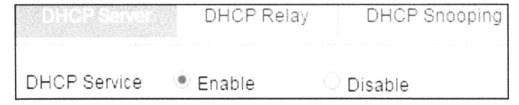

Após ativar o serviço dhcp globalmente, selecione a opção *Dynamic*, clique no botão *Add* para adicionar uma rede ao servidor dhcp e preencha as diretivas de acordo com a imagem abaixo.

DHCP Server	DHCP Relay	DHCP Snooping	

IP Pool Name	vlan20
IP Address	192.168.20.0
Mask	255.255.255.0
Lease Duration	
	○ Unlimited
	● 7
Client Domain Name	fkit.local
Gateway Address	192.168.20.1
DNS Server Address	192.168.10.6
WINS Server Address	
NetBIOS Node Type	▼

Durante o cadastro de uma rede que deve ser oferecida pelo servidor dhcp será necessário definir uma série de parâmetros do serviço, portanto segue abaixo uma lista das diretivas e suas respectivas descrições.

A diretiva *ip pool name*, determina um nome de escopo para identificar a rede sendo cadastrada no servidor dhcp. Em nosso exemplo, foi configurada a identificação vlan20 para o escopo.

A diretiva *ip address*, determina qual rede deve ser oferecida através do servidor dhcp. Em nosso exemplo, o escopo chamado vlan20 foi configurado para disponibilizar a rede 192.168.20.0 através do servidor dhcp.

A diretiva *mask*, determina qual máscara de rede deve ser oferecida através do servidor dhcp. Em nosso exemplo, o escopo chamado vlan20 foi configurado para disponibilizar a rede 192.168.20.0 com a máscara 255.255.255.0 através do servidor dhcp.

A diretiva *lease duration* determina a duração da concessão do endereço para um dispositivo através do servidor dhcp. Em nosso exemplo, um dispositivo que obtenha um endereço automaticamente do escopo chamado vlan20 recebera uma concessão de 7 dias.

A diretiva *client domain name* determina qual endereço de domínio dns deve ser oferecido através do servidor dhcp. Em nosso exemplo, o escopo vlan20 foi configurado para disponibilizar o domínio fkit.local através do servidor dhcp.

A diretiva *gateway address* determina qual o endereço de gateway padrão deve ser oferecido através do servidor dhcp. Em nosso exemplo, o escopo chamado vlan20 foi configurado para disponibilizar o endereço de gateway 192.168.20.1 através do servidor dhcp.

A diretiva **dns server address** determina qual o endereço de servidores dns deve ser oferecido através do servidor dhcp. Em nosso exemplo, o escopo chamado vlan20 foi configurado para disponibilizar o endereço de servidor dns 192.168.10.6 através do servidor dhcp.

Após finalizar a configuração de todos os parâmetros, replique este processo de criação de escopo para todas as vlans que devem receber endereçamento dinamicamente através do servidor dhcp. Em nosso exemplo, este processo foi replicado para as vlans 30 e 40.

Em nosso exemplo, caso um computador seja conectado em qualquer porta do switch que faça parte da **vlan 20** este vai receber automaticamente um endereço da rede **192.168.20.0** com a máscara **255.255.255.0**, seu gateway será configurado como **192.168.20.1**, seu domínio dns será configurado como **fkit.local**, o servidor dns configurado será **192.168.10.6** e todas essas configurações serão validas por **7 dias**.

Em nosso exemplo, caso um computador seja conectado em qualquer porta do switch que faça parte da **vlan 30** este vai receber automaticamente um endereço da rede **192.168.30.0** com a máscara **255.255.255.0**, seu gateway será configurado como **192.168.30.1**, seu domínio dns será configurado como **fkit.local**, o servidor dns configurado será **192.168.10.6** e todas essas configurações serão validas por **7 dias**.

Em nosso exemplo, caso um computador seja conectado em qualquer porta do switch que faça parte da **vlan 40** este vai receber automaticamente um endereço da rede **192.168.40.0** com a máscara **255.255.255.0**, seu gateway será configurado como **192.168.40.1**, seu domínio dns será configurado como **fkit.local**, o servidor dns configurado será **192.168.10.6** e todas essas configurações serão validas por **7 dias**.

Pode ser que alguns leitores prefiram utilizar a linha de comando ao invés da interface web administrativa, sendo assim também demonstraremos como efetuar a configuração de um servidor dhcp através da linha de comando.

Seja através da console, telnet ou ssh, conecte-se a linha de comando de seu switch e efetue login com um usuário que tenha permissão administrativa.

Digite o comando abaixo para entrar em modo de configuração.

```
# system-view
```

Habilite o serviço dhcp globalmente através do comando abaixo.

```
# dhcp enable
```

Crie o escopo do servidor dhcp chamado vlan20 através dos comandos abaixo.

```
# dhcp server ip-pool vlan20
# network 192.168.20.0 mask 255.255.255.0
# gateway-list 192.168.20.1
# dns-list 192.168.10.6
# domain-name fkit.local
# expired day 7
```

Crie o escopo do servidor dhcp chamado vlan30 através dos comandos abaixo.

```
# dhcp server ip-pool vlan30
# network 192.168.30.0 mask 255.255.255.0
# gateway-list 192.168.30.1
# dns-list 192.168.10.6
# domain-name fkit.local
# expired day 7
```

Crie o escopo do servidor dhcp chamado vlan40 através dos comandos abaixo.

```
# dhcp server ip-pool vlan40
# network 192.168.40.0 mask 255.255.255.0
# gateway-list 192.168.40.1
# dns-list 192.168.10.6
# domain-name fkit.local
# expired day 7
```

Para verificar sua configuração de escopo, execute o comando abaixo.

```
# display dhcp server tree pool vlan20
```

Para verificar os endereços alugados pelo servidor dhcp, execute o comando abaixo.

```
# display dhcp server ip-in-use all
```

Lembre-se de salvar a sua configuração através do comando abaixo.

```
# save
```

Em nosso exemplo, foram criados os escopos necessários para que os dispositivos conectados nas vlans 20, 30 e 40 recebam suas configurações de endereçamento de rede automaticamente através do serviço dhcp.

Conclusão

Este capítulo ensinou de maneira prática como efetuar a configuração do roteamento entre vlans e como efetuar a configuração do serviço dhcp no principal switch da rede, seja através de sua interface gráfica, ou através de sua linha de comando.

Durante este capítulo foi possível acompanhar a jornada de Luke enquanto este efetuava a configuração do principal switch da rede e atendia aos seguintes requisitos de escopo listados no documento chamado ***requisitos da nova rede corporativa***:

• Um switch deve ser eleito como o principal switch da rede
• O principal switch da rede deve oferecer o recurso de roteamento entre as vlans
• O principal switch da rede deve ser configurado como servidor dhcp
• As estações de trabalhos devem receber endereçamento através do servidor dhcp
• Os visitantes externos devem receber endereçamento através do servidor dhcp
• Os telefones voip devem receber endereçamento através do servidor dhcp

Ao final deste capítulo o leitor deve se sentir confiante e ser capaz de efetuar a configuração do roteamento entre vlans e efetuar a instalação de um servidor dhcp que atenda múltiplas vlans.

Para reforçar o aprendizado, foram publicados em nosso canal do youtube os seguintes vídeos que demonstram a utilização das técnicas apresentadas ao longo deste capítulo:

• HP Switch – A5500 Configuração IP Inicial
• HP Switch – Roteamento entre vlans
• HP Switch – Configurar servidor dhcp
• HP Switch – Configurar rota estática

– Capítulo 07 –

VOZ SOBRE IP

Ao terminar de efetuar a instalação e configuração básica da nova rede corporativa com sucesso, Luke decide que é chegada a hora de configurar os novos switches para trabalharem com telefonia voip da maneira adequada.

Por se tratar de um trafego sensível, pacotes de voz devem receber tratamento diferenciado e por isso Luke decidiu efetuar a criação de uma vlan especifica para o trafego de voz.

Este capitulo tem o objetivo de demonstrar como efetuar a configuração do recurso de vlan de voz em um switch através de uma abordagem detalhada passo a passo, e com isso ensinar, ou esclarecer dúvidas que o leitor possa ter sobre este assunto.

Durante este capitulo serão apresentadas as seguintes tarefas relacionadas a implantação do projeto da nova rede corporativa:

• Como criar uma vlan de voz
• Como conectar um telefone em uma vlan de voz automaticamente

Todos os ensinamentos deste capitulo serão apresentados de maneira prática utilizando o ponto de vista do analista Luke durante a implantação de seu projeto.

Criar Vlan de Voz

Após um breve planejamento, foi decidido que deveria existir uma rede virtual exclusiva para separar o trafego das ligações telefônicas do resto do trafego da empresa.

Em nosso exemplo, os telefones conectados na rede devem fazer parte da vlan 30 e com isso separar o trafego de voz do trafego gerado pelos servidores e estações de trabalho da empresa que estão localizados nas respectivas vlans 10 e 20.

Ao ser apresentado a tela inicial da interface administrativa, acesse o menu *Network* e clique na opção *VLAN* para ser enviado a tela de configuração de vlan.

Para criar uma nova vlan, selecione a guia *Create*, digite um identificador numérico para a rede virtual e clique em *Aplicar*.

Select VLAN		Port Detail	Detail	Modify VLAN	Modify Port	Remove

Create:
VLAN IDs: 30   Example:3, 5-10

Create

Durante a criação de uma vlan é possível definir uma descrição para sua rede virtual, portanto selecione a vlan criada anteriormente, digite uma breve descrição e clique no botão *Aplicar*.

Modify VLAN description (Note: you can do this later on the Modify VLAN page)
Modify the description of the selected VLAN:
ID   Description
30   VLAN 30 - VOIP   (1-32 Chars.)

Em nosso exemplo, foi criada uma vlan com o identificador 30 e a descrição voip.

Após finalizar a criação da vlan como demonstrado, lembre-se de salvar a sua configuração ao clicar na opção *Save* disponibilizada na parte superior direita da janela.

Pode ser que alguns leitores prefiram utilizar a linha de comando ao invés da interface web administrativa, portanto também demonstraremos como efetuar a criação de uma vlan através da linha de comando.

Seja através da console, telnet ou ssh, conecte-se a linha de comando de seu switch e efetue login com um usuário que tenha permissão administrativa.

Caso se aplique ao seu modelo de switch, digite o comando *_cmdline-mode* para acessar a linha de comando secreta do dispositivo.

```
# _cmdline-mode on
```

Digite o comando abaixo para entrar em modo de configuração.

```
# system-view
```

Crie uma nova vlan, adicione um número de identificação e uma descrição.

```
# vlan 30
# description VOIP
# quit
```

Para verificar sua configuração, execute o comando abaixo e confira o seu resumo.

```
# display vlan
```

Lembre-se de salvar a sua configuração através do comando abaixo.

```
# save
```

Para deletar uma vlan existente, estando no modo de configuração, execute o comando abaixo e defina a vlan a ser removida.

```
# undo vlan 30
```

Configurar Vlan de Voz

Após uma reunião com as partes interessadas sobre a topologia da rede, foi decidido que seria disponibilizado apenas um ponto de rede para cada colaborador da empresa e por isso seria necessário compartilhar o ponto entre dois dispositivos caso o colaborador utilize tanto um telefone voip quanto uma estação de trabalho.

Caso seja necessário efetuar o compartilhamento de ponto, o telefone voip deverá ser conectado diretamente na porta do switch enquanto a estação de trabalho do usuário deverá ser conectada em uma interface adicional do telefone.

Devido ao compartilhamento, a porta do switch deverá ser capaz de transmitir o trafego de duas vlans distintas que são respectivamente a vlan de desktops e a vlan de telefonia, portanto é possível afirmar que a porta do switch deverá funcionar em modo trunk.

Em nosso exemplo, será demonstrado o processo de configuração de uma porta do switch em modo trunk para que seja conectado um telefone voip e este seja automaticamente associado com a vlan de telefonia identificada pela vlan 30 enquanto a estação de trabalho conectada no telefone seja associada automaticamente com a vlan de desktop identificada pela vlan 20.

Para que um telefone tenha sua vlan de voz configurada automaticamente tanto o aparelho telefônico quanto o switch da rede devem ter suporte ao protocolo *lldp*.

Para habilitar o suporte ao protocolo lldp em um telefone voip, acesse o menu de configuração do telefone e habilite o protocolo de acordo com as instruções listadas no *manual do aparelho*.

Com relação ao switch, ao ser apresentado a tela inicial da interface administrativa, acesse o menu *Network* e clique na opção *LLDP* para ser enviado a tela de configuração do protocolo.

Para habilitar o suporte ao protocolo lldp no switch, selecione a guia *Global Setup*, habilite tanto o suporte *LLDP* como o suporte ao modo de *compatibilidade ao protocolo CDP* e clique no botão *Aplicar*.

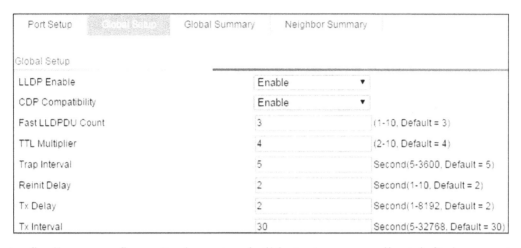

Ao finalizar a configuração do protocolo lldp tanto no aparelho telefônico quanto no switch, acesse a guia **Neighbor Summary** e verifique se o seu aparelho telefônico foi detectado corretamente.

Em nosso exemplo, o switch detectou um aparelho telefônico do modelo Polycom soundpoint 331, com o endereço mac 0004-f24e-21b9 conectado em sua porta 17.

Para dar prosseguimento, acesse o menu **Network** e clique na opção **VLAN** para ser enviado a tela de configuração de vlans.

Para configurar a porta do switch em modo trunk, acesse a guia **Modify port**, selecione a porta que deseja configurar, marque a opção **Link Type**, selecione a tipo de link **trunk** e clique no botão **Aplicar**.

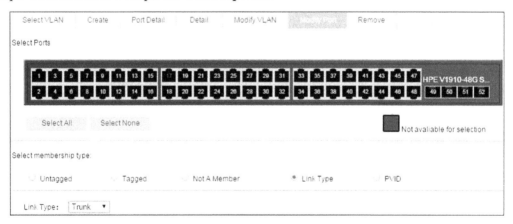

É importante ressaltar que a porta deve ser configurada em modo trunk, pois essa mesma porta será compartilhada e deverá transferir o trafego de duas vlans distintas que são respectivamente a vlan de desktops e a vlan de telefonia.

Como próximo passo, será necessário autorizar a vlan de desktops a passar pela porta de maneira transparente, portanto selecione a porta que deseja configurar, marque a opção *Untagged*, digite o identificador numérico da vlan de desktops e clique no botão *Aplicar*.

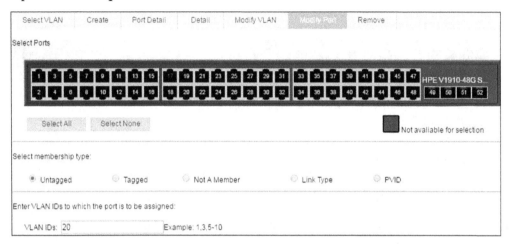

Em nosso exemplo, a porta de número 17 do switch foi configurada em modo trunk, o tráfego da vlan 20 foi autorizado e foi determinado que a vlan 20 será considerada a vlan padrão deste trunk.

Caso o switch receba um pacote na porta de número 17 sem nenhuma identificação de vlan, o dispositivo vai *assumir automaticamente* que este pacote faz parte da vlan padrão de número 20.

No momento, ainda não é necessário adicionar a vlan de voz como uma das vlans autorizadas no trunk pois essa configuração será feita posteriormente de maneira diferente.

Ao terminar a configuração do trunk, acesse o menu *Network* e clique na opção *Voice VLAN* para ser enviado a tela de configuração da vlan de voz.

Acesse a guia *Setup* e desabilite o recurso chamado *Voice VLAN Security*.

Summary	Setup	Port Setup	OUI Summary	OUI Add	OUI Remove

Voice VLAN security:	Disable ▼
Voice VLAN aging time:	1440 *minutes (5-43200, Default = 1440)

Acesse a guia *Port setup*, marque a porta que deseja configurar, selecione o modo de vlan de voz *automático*, habilite o recuso de vlan de voz na interface ao selecionar a opção *Enable*, digite o identificador da vlan de voz configurada no switch e clique no botão *Aplicar*.

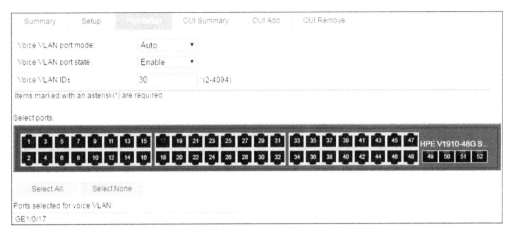

Ao finalizar essa tarefa a vlan de número 30 que representa a rede voip da empresa será adicionada à lista de vlans autorizadas no trunk configurado na porta de número 17 do switch.

Como último passo, será necessário cadastrar o endereço do fabricante do aparelho no switch para que este faça a associação **automática** do aparelho com a vlan de voz através do protocolo lldp.

Caso o endereço físico do fabricante não seja cadastrado no switch, todos os aparelhos telefônicos da empresa vão precisar ter sua configuração de vlan executada manualmente em cada um dos aparelhos

O endereço do fabricante, também conhecido como **oui** consiste nos 6 primeiros dígitos do endereço mac do aparelho telefônico que pode ser verificado na guia **Neighbor Summary** do menu **LLDP** como demonstrado anteriormente.

Em nosso exemplo, o switch detectou um aparelho telefônico com o endereço físico **0004-f24e-21b9** conectado em sua porta de número 17 e portanto é possível afirmar que o endereço do fabricante deste aparelho consiste em **0004f2.**

Ao determinar o endereço do fabricante de seu modelo de telefone, acesse a guia **OUI Add**, clique no botão **Add** e insira o endereço do fabricante com a máscara **ffff-ff00-0000** e uma descrição como demonstrado.

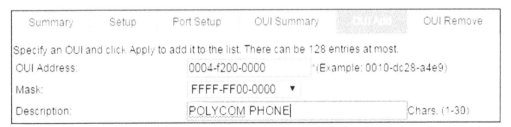

Em nosso exemplo, foi cadastrado no switch o endereço de fabricante **0004-f2000000** com a máscara FFFF-FF00-0000 e a descrição polycom phone.

Em nosso exemplo, a porta de número 17 do switch foi configurada em modo trunk e foi permitido o trafego das vlans 20 e 30 que correspondem respectivamente as vlans de desktops e telefonia voip.

Para verificar sua configuração, selecione a guia *Summary* e marque a porta na qual deseja efetuar a verificação.

Summary	Setup	Port Setup	OUI Summary	OUI Add	OUI Remove

Voice VLAN security: Disabled

Voice VLAN aging time: 1440 minutes

Maximum of voice VLANs: 1

Current number of voice VLANs: 1

Ports enabled for voice VLAN:

Port Name	Voice VLAN ID	Mode
GigabitEthernet1/0/17	100	Auto

Após finalizar a configuração como demonstrado, lembre-se de salvar a sua configuração ao clicar na opção *Save* disponibilizada na parte superior direita da janela.

Pode ser que alguns leitores prefiram utilizar a linha de comando ao invés da interface web administrativa, sendo assim também demonstraremos como efetuar a configuração de uma vlan de voz automaticamente em uma porta do switch através da linha de comando.

Seja através da console, telnet ou ssh, conecte-se a linha de comando de seu switch e efetue login com um usuário que tenha permissão administrativa.

Caso se aplique ao seu modelo de switch, digite o comando *_cmdline-mode* para acessar a linha de comando secreta do dispositivo.

```
#_cmdline-mode on
```

Digite o comando abaixo para entrar em modo de configuração.

```
# system-view
```

Habilite o suporte ao protocolo lldp e opcionalmente o modo de compatibilidade cdp.

```
# lldp enable
# lldp compliance cdp
```

Antes de dar prosseguimento deve-se habilitar obrigatoriamente o protocolo lldp em seu aparelho telefônico, portanto acesse o menu de configuração do telefone e habilite o protocolo de acordo com as instruções listadas no *manual do aparelho*.

Após finalizar a configuração do protocolo lldp tanto no aparelho telefônico quanto no switch, verifique o endereço físico do telefone conectado na porta 17 do switch através do comando abaixo.

```
# display lldp neighbor-information interface GigabitEthernet1/0/17 brief
```

Em nosso exemplo, o switch detectou um aparelho telefônico com o endereço físico 0004-f24e-21b9 conectado em sua porta GigabitEthernet1/0/17.

```
LLDP neighbor-information of port 17[GigabitEthernet1/0/17]:
  Neighbor 4:
  PortID/subtype    : 0004-f24e-21b9/MAC address
  Capabilities      : Bridge,Telephone
```

Ao determinar o endereço mac de seu modelo de telefone, efetue o cadastro do endereço do fabricante com a máscara ffff-ff00-0000 e uma descrição como demonstrado.

```
# voice vlan mac-address 0004-f200-0000 mask ffff-ff00-0000 description POLYCOM P
HONE
```

O comando acima vai permitir que todos os aparelhos telefônicos que tenham o endereço mac iniciado com 0004-fe possam ter sua vlan configurada automaticamente.

Desabilite o modo de segurança da Vlan de voz através do comando abaixo.

```
# undo voice vlan security enable
```

Configure a porta do switch em modo trunk e defina a vlan de desktops como a vlan padrão do trunk.

```
# interface GigabitEthernet1/0/17
# port link-type trunk
# port trunk pvid vlan 20
# port trunk permit vlan 20
```

Ainda na configuração da interface, habilite o recurso de vlan de voz e defina a vlan a ser utilizada para dispositivos de voz.

```
# interface GigabitEthernet1/0/17
# voice vlan 30 enable
```

Para verificar suas configurações, execute os comandos abaixo.

```
# display voice vlan oui
# display voice vlan state
```

Lembre-se de salvar a sua configuração através do comando abaixo.

```
# save
```

Para remover a configuração de vlan de voz, estando no modo de configuração da interface, execute o comando abaixo.

```
# interface GigabitEthernet1/0/17
# undo voice vlan enable
```

Conclusão

Este capítulo ensinou de maneira prática como efetuar a configuração de uma vlan de voz automaticamente em um aparelho telefônico voip e com isso integrar uma rede de voz e dados, seja através de sua interface gráfica, ou através de sua linha de comando.

Durante este capitulo foi possível acompanhar a jornada de Luke enquanto este efetuava a configuração dos switches para o projeto de criação de uma nova rede corporativa e atendia aos seguintes requisitos de escopo listados no documento chamado *requisitos da nova rede corporativa*:

• O trafego de telefonia deve estar localizado em uma vlan especifica de voz
• Um aparelho telefônico deve ter a vlan de voz configurada automaticamente
• Um aparelho telefônico deve ser capaz de conectar um desktop a rede

Ao final deste capitulo o leitor deve se sentir confiante e ser capaz de efetuar a configuração do switch para suportar o funcionamento de um ambiente de telefonia voip em que um aparelho telefônico e um desktop compartilhem o ponto de rede.

Para reforçar o aprendizado, foram publicados em nosso canal do youtube os seguintes vídeos que demonstram a utilização das técnicas apresentadas ao longo deste capitulo:

• HP Switch – Configurar voice vlan

## Capítulo 08

REDUNDÂNCIA & DESEMPENHO

Após terminar de efetuar a configuração dos grupos de trabalhos e habilitar o roteamento entre as vlans, Luke decide que por motivos de segurança é chegada a hora de criar redundância na comunicação entre os dispositivos através da agregação de links.

Agregação de links trata-se de um termo genérico que define o agrupamento lógico de duas ou mais interfaces de rede físicas, seja com o objetivo de obter um melhor desempenho ao somar a largura de banda das interfaces ou apenas para implantar a redundância de rede.

Como exemplo de agrupamento com objetivo de obter melhor desempenho, é possível afirmar que o agrupamento de duas interfaces de rede gigabit ethernet em um switch criaria uma interface virtual com a largura de banda acumulada de 2 gigabits.

Como exemplo de agrupamento com objetivo de obter redundância, é possível afirmar que a rede continuaria a funcionar com velocidade reduzida caso uma das interfaces do agrupamento pare de funcionar.

Este capítulo tem o objetivo de demonstrar como efetuar a configuração da agregação de links através de uma abordagem detalhada passo a passo, e com isso ensinar, ou esclarecer dúvidas que o leitor possa ter sobre este assunto.

Durante este capítulo serão apresentadas as seguintes tarefas relacionadas a implantação do projeto da nova rede corporativa:

• Como configurar a agregação de link em modo trunk
• Como configurar a agregação de link em modo de acesso

Todos os ensinamentos deste capítulo serão apresentados de maneira prática utilizando o ponto de vista do analista Luke durante a implantação de seu projeto.

Agregação de Link – Modo Trunk

Após analisar os requisitos do projeto, foi determinado que os switches da nova rede corporativa devem se conectar através de links agregados e com isso oferecer um melhor desempenho devido a largura de banda agregada juntamente com um certo nível redundância em caso de falhas.

Em nosso exemplo, dois switches da nova rede corporativa serão conectado de maneira redundante através do recurso de agregação de links em modo trunk.

Ao ser apresentado a tela inicial da interface administrativa, acesse o menu *Network* e clique na opção *Link aggregation* para ser enviado a tela de configuração de agregação de links.

Para criar uma nova agregação de links, selecione a guia *Create*, digite um identificador numérico para a interface virtual de agrupamento, selecione a tipo de interface *Dynamic* para utilizar o protocolo de negociação automática lacp, selecione as interfaces físicas que devem fazer parte dessa configuração e clique em *Aplicar*.

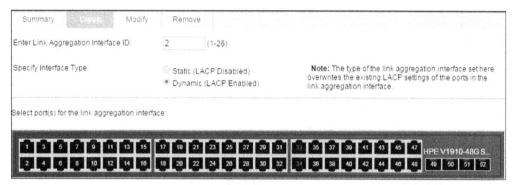

Ao finalizar o processo, será criada uma interface virtual de agregação de links utilizando o identificador numérico digitado anteriormente. Em nosso exemplo, ao digitar o identificador 2 foi criada uma interface virtual chamada *Bridge-Aggregation2* que consiste na agregação das interfaces físicas 33 e 34 do switch.

Após finalizar a operação, será necessário efetuar a configuração da interface virtual criada como qualquer outra interface do switch, portanto acesse o menu *Network* e clique na opção *VLAN* para ser enviado a tela de configuração de vlans.

Para configurar a interface virtual de agregação de links em modo trunk, acesse a guia *Modify port*, selecione a interface virtual que deseja configurar, marque a opção *Link Type*, selecione o tipo de link *trunk* e clique no botão *Aplicar*.

Lembre-se que o tipo de link *trunk*, determina que essa porta é capaz de enviar e receber o tráfego de múltiplas vlans, portanto este modo é geralmente utilizado para conectar dois switches e com isso permitir a comunicação entre dispositivos de uma mesma vlan que estejam conectados fisicamente em switches distintos.

Feito isso, a interface virtual de agregação de links estará em modo trunk mas ainda será necessário executar duas tarefas para finalizar sua configuração.

Primeiro, será necessário associar uma lista de vlans autorizadas a passarem pela interface virtual, portanto selecione a interface virtual que deseja configurar, marque a opção *Tagged*, digite o identificador numérico das vlan autorizadas separadas por vírgula e clique no botão *Aplicar*.

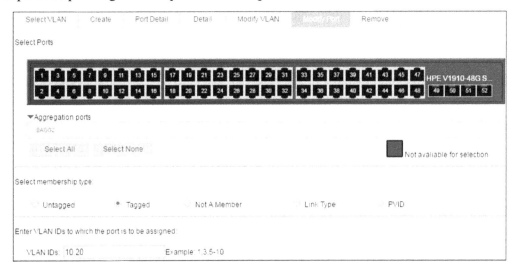

Como segundo passo, será necessário definir qual a vlan padrão utilizada pelo trunk, portanto selecione novamente a interface virtual de agregação que deseja configurar, marque a opção *Untagged*, digite o identificador numérico da vlan padrão desejada e clique no botão *Aplicar*.

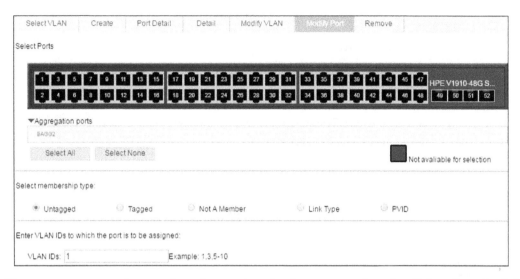

Em nosso exemplo, a interface virtual de agregação de links **bagg2** foi configurada em modo trunk, o tráfego das vlans 1,10 e 20 foi autorizado e foi determinado que a vlan 1 será considerada a vlan padrão deste trunk.

Para verificar a configuração da interface virtual de agregação de links, acesse a guia **Port detail**, selecione tanto a interface virtual quanto as interfaces físicas envolvidas no processo e verifique se as informações apresentadas estão de acordo com suas necessidades.

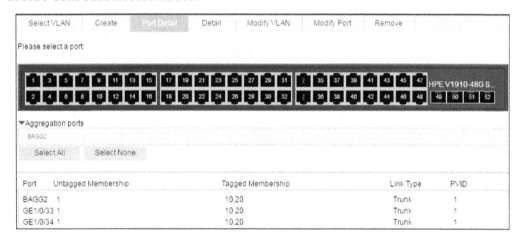

Como pode ser visto acima, ao efetuar a configuração do modo trunk em uma interface virtual de agregação de links sua configuração é replicada automaticamente para as interfaces físicas que fazem parte do grupo.

Para verificar o status de sua agregação de links, após conectar os switches fisicamente, acesse o menu **Network**, clique na opção **Link aggregation** e selecione a guia **Summary**.

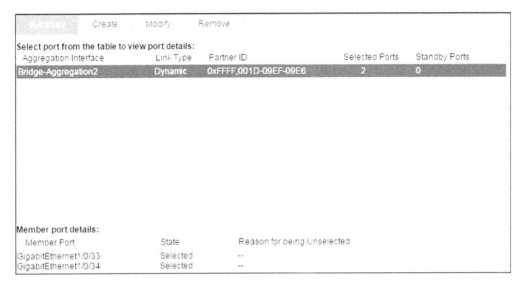

É importante destacar que a conexão física dos cabos de rede entre os dispositivos, por motivos de segurança, só deve ser executada após ambos os switches terem sido configurados corretamente para utilizar a agregação de links com o protocolo lacp.

Após finalizar a configuração da agregação de links, lembre-se de salvar a sua configuração ao clicar na opção *Save* disponibilizada na parte superior direita da janela.

Pode ser que alguns leitores prefiram utilizar a linha de comando ao invés da interface web administrativa, sendo assim também demonstraremos como efetuar a criação de uma agregação de links em modo trunk através da linha de comando.

Seja através da console, telnet ou ssh, conecte-se a linha de comando de seu switch e efetue login com um usuário que tenha permissão administrativa.

Caso se aplique ao seu modelo de switch, digite o comando *_cmdline-mode* para acessar a linha de comando secreta do dispositivo.

```
#  cmdline-mode on
```

Digite o comando abaixo para entrar em modo de configuração.

```
# system-view
```

Crie uma nova interface de agregação de links e defina o modo de configuração dinâmico para que seja utilizado o protocolo LACP.

```
# interface Bridge-Aggregation2
# link-aggregation mode dynamic
# quit
```

Configure as interfaces 33 e 34 como membros da interface virtual de agregação de links.

```
# interface GigabitEthernet1/0/33
# port link-aggregation group 2

# interface GigabitEthernet1/0/34
# port link-aggregation group 2
```

Configure a interface de agregação de links em modo trunk, defina a vlan padrão 1 e configure as vlan autorizadas a utilizar o trunk 1,10 e 20.

```
# interface Bridge-Aggregation2
# port link-type trunk
# port trunk pvid vlan 1
# port trunk permit vlan 1 10 20
```

Para verificar sua configuração, execute o comando abaixo e confira o seu resumo.

```
# display  link-aggregation verbose
```

Lembre-se de salvar a sua configuração através do comando abaixo.

```
# save
```

Para remover a configuração de agregação de link existente, estando no modo de configuração, execute o comando abaixo.

```
# undo interface Bridge-Aggregation 2
```

Agregação de Link – Modo Acesso

Após efetuar uma breve análise de riscos, foi determinado que o servidor de arquivos deve ser conectado de maneira redundante a rede, pois a paralização deste dispositivo poderia ter um alto impacto financeiro para a empresa.

Em nosso exemplo, o servidor de arquivos da empresa que utiliza o sistema operacional Windows 2012 será conectado de maneira redundante a nova rede corporativa através do recurso de agregação de links.

Ao ser apresentado a tela inicial da interface administrativa, acesse o menu *Network* e clique na opção *Link aggregation* para ser enviado a tela de configuração de agregação de links.

Para criar uma nova agregação de links, selecione a guia *Create*, digite um identificador numérico para a interface virtual de agrupamento, selecione a tipo de interface *Dynamic* para utilizar o protocolo de negociação automática lacp, selecione as interfaces físicas que devem fazer parte dessa configuração e clique em *Aplicar*.

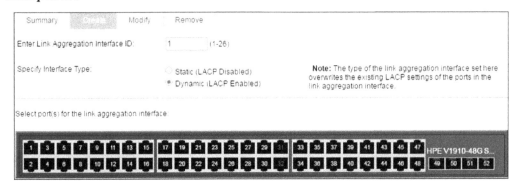

Ao finalizar o processo, será criada uma interface virtual de agregação de links utilizando o identificador numérico digitado anteriormente. Em nosso exemplo, ao digitar o identificador 1 foi criada uma interface virtual chamada ***Bridge-Aggregation1*** que consiste na agregação das interfaces físicas 31 e 32 do switch.

Após finalizar a operação, será necessário efetuar a configuração da interface virtual criada como qualquer outra interface do switch, portanto acesse o menu ***Network*** e clique na opção ***VLAN*** para ser enviado a tela de configuração de vlans.

Para configurar a interface virtual de agregação de links como membro de uma vlan, acesse a guia ***Modify port***, selecione a interface virtual que deseja configurar, marque a opção ***Link Type***, selecione o tipo de link ***access*** e clique no botão ***Aplicar***.

Lembre-se que o tipo de link ***access***, determina que essa porta faz parte exclusivamente de uma única vlan e portanto todo dispositivo conectado nessa porta será associado automaticamente com a vlan especificada sem a necessidade de nenhuma configuração adicional no dispositivo conectado.

Feito isso sua interface virtual estará em modo acesso bastando apenas associar uma vlan para finalizar sua configuração, portanto selecione novamente a interface virtual de agregação de link que deseja configurar, marque a opção **Untagged**, digite o identificador numérico da vlan desejada e clique no botão **Aplicar**.

Em nosso exemplo, a interface virtual de agregação de links **bagg1** foi configurada em modo acesso e associada com a vlan de servidores que utiliza o identificador numérico 10, portanto qualquer dispositivo que seja conectado nas portas físicas que fazem parte dessa agregação de link serão associados automaticamente a vlan de servidores sem a necessidade de nenhuma configuração adicional.

Para verificar a configuração da interface virtual de agregação de links, acesse a guia **Port detail**, selecione tanto a interface virtual quanto as interfaces físicas envolvidas no processo e verifique se as informações apresentadas estão de acordo com suas necessidades.

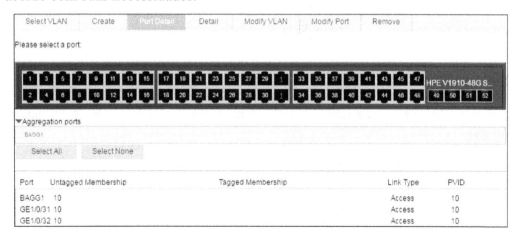

Como pode ser visto acima, ao efetuar a configuração do modo de acesso em uma interface virtual de agregação de links sua configuração é replicada automaticamente para as interfaces físicas que fazem parte do grupo.

Para verificar o status de sua agregação de links, após conectar o switch e o servidor Windows *devidamente configurado*, acesse o menu *Network*, clique na opção *Link aggregation* e selecione a guia *Summary*.

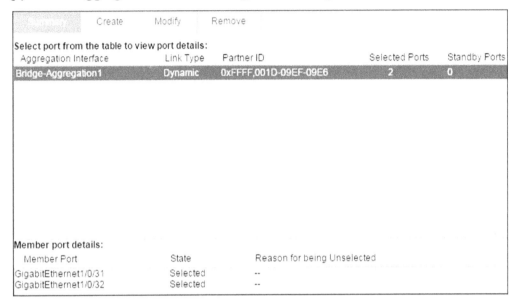

É importante destacar que a conexão física dos cabos de rede entre os dispositivos, por motivos de segurança, só deve ser executada após ambos os dispositivos terem sido configurados corretamente para utilizar a agregação de links com o protocolo lacp.

Ao final deste capítulo será demonstrado o processo de configuração da agregação de links em um servidor rodando o sistema operacional Windows 2012.

Após finalizar a configuração da agregação de links, lembre-se de salvar a sua configuração ao clicar na opção *Save* disponibilizada na parte superior direita da janela.

Pode ser que alguns leitores prefiram utilizar a linha de comando ao invés da interface web administrativa, sendo assim também demonstraremos como efetuar a criação de uma agregação de links em modo acesso através da linha de comando.

Seja através da console, telnet ou ssh, conecte-se a linha de comando de seu switch e efetue login com um usuário que tenha permissão administrativa.

Caso se aplique ao seu modelo de switch, digite o comando *_cmdline-mode* para acessar a linha de comando secreta do dispositivo.

```
# cmdline-mode on
```

Digite o comando abaixo para entrar em modo de configuração.

```
# system-view
```

Crie uma nova interface de agregação de links e defina o modo de configuração dinâmico para que seja utilizado o protocolo lacp.

```
# interface Bridge-Aggregation1
# link-aggregation mode dynamic
# quit
```

Configure as interfaces 31 e 32 como membros da interface virtual de agregação de links.

```
# interface GigabitEthernet1/0/31
# port link-aggregation group 1

# interface GigabitEthernet1/0/32
# port link-aggregation group 1
```

Configure a interface de agregação de links em modo acesso e associe a vlan desejada.

```
# interface Bridge-Aggregation1
# port link-type access
# port access vlan 10
```

Para verificar sua configuração, execute o comando abaixo e confira o seu resumo.

```
# display link-aggregation verbose
```

Lembre-se de salvar a sua configuração através do comando abaixo.

```
# save
```

Para remover a configuração de agregação de link existente, estando no modo de configuração, execute o comando abaixo.

```
# undo interface Bridge-Aggregation 1
```

Agregação de Link – Windows 2012

Após efetuar uma breve análise de riscos, foi determinado que o servidor de arquivos deve ser conectado de maneira redundante a rede, pois a paralização deste dispositivo poderia ter um alto impacto financeiro para a empresa.

Para efetuar a configuração da agregação de links, acesse o servidor Windows desejado e abra a ferramenta administrativa chamada *gerenciador de servidores.*

Ao ser apresentado para a tela do gerenciador de servidores, selecione o menu *Servidor local* disponibilizado na parte esquerda da janela e clique na opção *Agrupamento NIC*.

Na tela chamada *Agrupamento NIC*, localize a parte de configuração das *equipes* disponibilizada na parte inferior esquerda da janela, selecione o menu *tarefas* e clique na opção *Nova Equipe*.

Ao iniciar a configuração de uma nova equipe, digite um *nome de identificação* para a interface virtual de grupamento de links, selecione as placas de rede do Windows que devem fazer parte deste agrupamento, selecione a opção *Propriedades adicionais,* configure o modo de agrupamento como *lacp* e o modo de balanceamento de carga *dinâmico*.

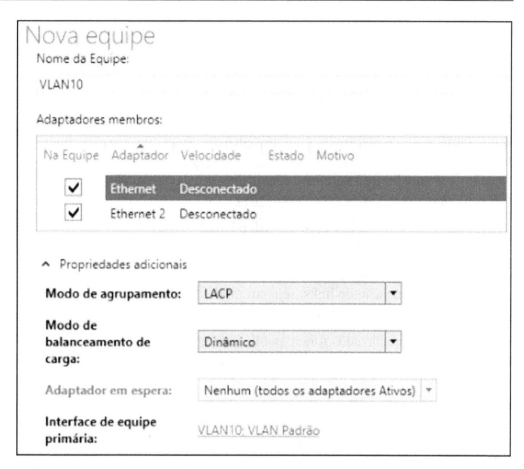

Ao finalizar o processo de criação da equipe, será criada uma nova interface de rede virtual no servidor Windows com o nome de identificação digitado anteriormente.

Ao finalizar a criação da interface virtual de agregação de link deve-se conectar as placas de rede físicas do servidor nas interfaces de rede do switch configurado anteriormente.

Em nosso exemplo, foi criada uma interface virtual de agregação de links chamada *vlan10* em um servidor Windows 2012 utilizando o protocolo de negociação automática *lacp*.

Conclusão

Este capítulo ensinou de maneira prática como efetuar a configuração do recurso de agregação de links, seja para atingir um melhor desempenho da rede, ou apenas para oferecer redundância em caso de falhas.

Durante este capítulo foi possível acompanhar a jornada de Luke enquanto este efetuava a configuração dos switches para o projeto de criação de uma nova rede corporativa e atendia aos seguintes requisitos de escopo listados no documento chamado ***requisitos da nova rede corporativa***:

• A conexão entre os switches deve ser redundante
• A conexão entre o switch e o servidor de arquivos deve ser redundante

Ao final deste capítulo o leitor deve se sentir confiante e ser capaz de efetuar a criação de uma agregação de links, seja em modo de acesso, ou em modo trunk e com isso agregar maior valor para sua rede.

Para reforçar o aprendizado, foram publicados em nosso canal do youtube os seguintes vídeos que demonstram a utilização das técnicas apresentadas ao longo deste capítulo:

• HP Switch – Configurar link aggregation
• HP Switch – Configurar link aggregation com Windows
• HP Switch – Configurar link aggregation com Linux
• HP Switch – Configurar link aggregation com Vmware
• HP Switch – Configurar link aggregation com Switch Cisco

– Capítulo 09 –

AUTENTICAÇÃO CENTRALIZADA

Para tornar mais eficiente o gerenciamento de acesso aos equipamentos, Luke decide integrar a autenticação dos novos switches da rede com o domínio active directory da empresa através do serviço radius

O protocolo Radius trabalha em arquitetura cliente-servidor e possibilita que um servidor seja capaz de autenticar usuários tentando acessar um dispositivo cliente como um switch.

A utilização do radius permite a uma empresa que as contas de usuários e suas senhas sejam armazenadas em um banco de dados central como a base de usuários do active directory ao invés de armazenar essas informações localmente em cada um dos switches.

Este capitulo tem o objetivo de demonstrar como efetuar a configuração da autenticação radius em um switch através de uma abordagem detalhada passo a passo, e com isso ensinar, ou esclarecer dúvidas que o leitor possa ter sobre este assunto.

Durante este capitulo serão apresentadas as seguintes tarefas relacionadas a implantação do projeto da nova rede corporativa:

• Como instalar um servidor radius
• Como efetuar a autenticação através de um servidor radius

Todos os ensinamentos deste capitulo serão apresentados de maneira prática utilizando o ponto de vista do analista Luke durante a implantação de seu projeto.

Descrição Passo a Passo

O processo de autenticação centralizada através de um servidor radius é complexo e requer toda a atenção do analista para que os inúmeros passos necessários sejam compreendidos e executados com perfeição, em vista disso segue abaixo uma lista das tarefas necessárias e suas respectivas descrições.

Como primeiro passo, será necessário efetuar a criação de dois grupos de usuários que serão utilizados para diferenciar os níveis de acesso aos switches da nova rede.

Como segundo passo, será necessário efetuar a instalação de um servidor radius integrado ao domínio active directory da empresa que será responsável pela autenticação dos acessos aos switches da nova rede.

Como terceiro passo, será necessário cadastrar os switches no servidor radius e também efetuar a criação das políticas de acesso aos equipamentos.

Como quarto e último passo, será necessário efetuar a configuração dos switches para redirecionarem a autenticação para o servidor radius instalado anteriormente.

Criar Grupo de usuários

Após um breve planejamento, foi decidido que deveriam existir dois grupos de usuários que devem oferecer permissões distintas para seus membros que consistem basicamente em analistas da equipe de tecnologia da informação.

Em nosso exemplo, os membros do grupo chamado *fkit-admin* devem possuir todas as permissões administrativas sobre os switches da nova rede corporativa, enquanto os membros do grupo *fkit-users* devem conseguir acessar os dispositivo com permissão exclusivamente de leitura.

Para efetuar a criação dos grupos necessários, acesse o controlador de domínio e abra a ferramenta administrativa chamada *usuários e computadores do active directory*.

Ao ser apresentado para a tela de configuração do domínio, clique com o botão direito do mouse sobre a unidade organizacional chamada *Usuários*, selecione o menu *novo* e clique na opção *Grupo*.

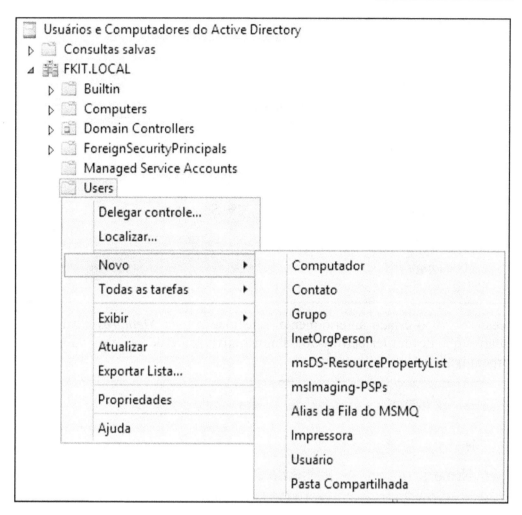

Ao ser apresentado a tela de criação de um novo grupo, digite um nome de identificação para o grupo com permissão administrativa sobre os switches da nova rede corporativa e finalize sua criação.

Nome do grupo:

fkit-admin

Nome do grupo (anterior ao Windows 2000):

fkit-admin

Escopo do grupo

○ Domínio local

◉ Global

○ Universal

Tipo de grupo

◉ Segurança

○ Distribuição

Acesse o grupo criado anteriormente, selecione a guia **Membros** e adicione os usuários que devem ter permissão administrativa sobre os switches da nova rede corporativa.

Geral	Membros	Membro de	Gerenciado por

Membros:

Nome	Pastas de Serviços de Domínio Active Directory
Luke S	FKIT.LOCAL/Users

Ao finalizar a criação do grupo com permissão administrativa efetue a criação de um novo grupo que deve conseguir acessar os switches com permissão exclusivamente de leitura.

Nome do grupo:

fkit-users|

Nome do grupo (anterior ao Windows 2000):

fkit-users

Escopo do grupo

○ Domínio local

◉ Global

○ Universal

Tipo de grupo

◉ Segurança

○ Distribuição

Acesse o grupo criado anteriormente, selecione a guia **Membros** e adicione os usuários que devem ter permissão exclusivamente de leitura sobre os switches da nova rede corporativa.

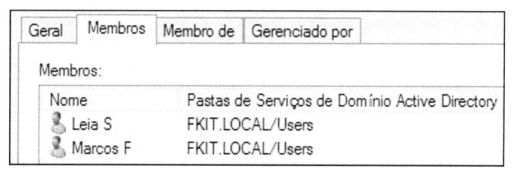

Geral	Membros	Membro de	Gerenciado por

Membros:

Nome	Pastas de Serviços de Domínio Active Directory
Leia S	FKIT.LOCAL/Users
Marcos F	FKIT.LOCAL/Users

Em nosso exemplo, foram criados dois grupos. O primeiro grupo, chamado *fkit-admins* receberá o nível de acesso administrativo máximo enquanto o segundo grupo, chamado *fkit-users* receberá apenas um nível de acesso com permissão de leitura.

Instalar Servidor Radius

Para que os usuários sejam autenticados de maneira centralizada é necessário efetuar a instalação de um servidor radius que é disponibilizado gratuitamente em um computador rodando o sistema operacional Windows 2012.

Para efetuar a instalação do servidor radius, acesse um servidor Windows que seja membro do domínio e abra a ferramenta administrativa chamada *gerenciador de servidores.*

Ao ser apresentado para a tela do gerenciador de servidores, clique no menu *gerenciar* e selecione a opção ***Adicionar funções e recursos***.

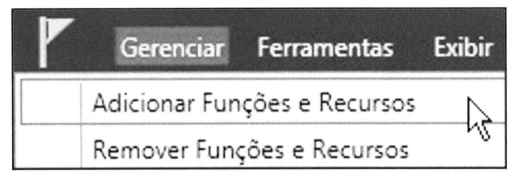

Ao iniciar o assistente de adição de funções e recursos, clique em ***Avançar*** nas janelas iniciais até que seja apresentada a tela chamada funções do servidor.

Ao ser apresentado a tela chamada funções do servidor, selecione a opção ***Serviços de acesso e política de rede*** como demonstrado abaixo.

Ao ser apresentado a tela abaixo, clique no botão ***Adicionar recursos*** e depois continue clicando em ***avançar*** até que a instalação do serviço seja finalizada.

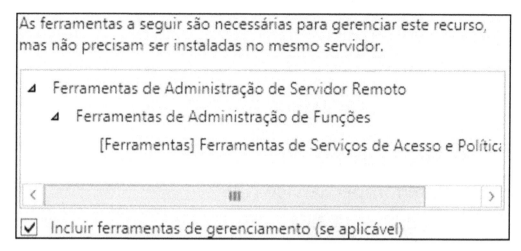

Em nosso exemplo, o serviço de radius da Microsoft foi instalado com sucesso em um computador chamado *fkit-rd01* que utiliza o sistema operacional Windows 2012.

Configurar Servidor Radius

Para que os usuários sejam autenticados de maneira centralizada é necessário efetuar a configuração do servidor instalado anteriormente, portanto acesse o servidor radius com um usuário que tenha permissão administrativa no domínio active directory da empresa e abra a ferramenta administrativa chamada *Servidor de políticas de rede*.

Ao ser apresentado a tela inicial, clique com o botão direito do mouse sobre o nome do servidor e selecione a opção *Registrar servidor no Active directory* para que este computador seja autorizado a desempenhar o papel de servidor Radius.

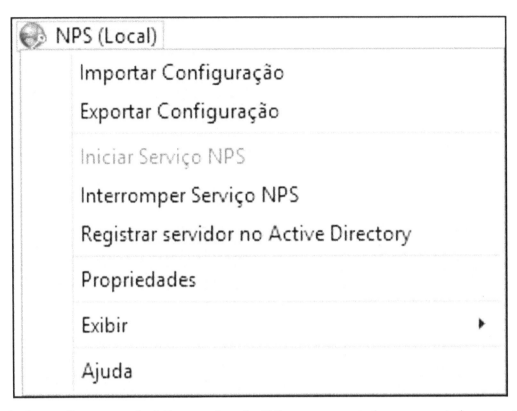

Após confirmar sua decisão na caixa de diálogo apresentada o computador estará devidamente autorizado a desempenhar o papel de servidor radius e será adicionado automaticamente ao grupo do active directory chamado *Servidores RAS e IAS*.

Em continuidade, será necessário cadastrar os switches que devem utilizar este servidor para autenticação, portanto expanda a opção *Clientes e servidores Radius*, clique com o botão direito do mouse sobre a opção *Clientes Radius* e selecione a opção *Novo*.

Durante o cadastro de um cliente radius será necessário definir um **nome** de identificação para o equipamento, um **endereço** e um **segredo compartilhado** para autenticar a comunicação entre o servidor e este switch.

Em nosso exemplo, foi cadastrado um switch da nova rede corporativa chamado *fkit-sw01* com seu endereço *192.168.1.11* e o segredo compartilhado *kamisama123@*.

Como próximo passo será necessário efetuar a criação de uma política de acesso aos switches da rede, portanto expanda a opção *Políticas*, clique com o botão direito do mouse sobre a opção *Políticas de rede* e selecione a opção *Novo*.

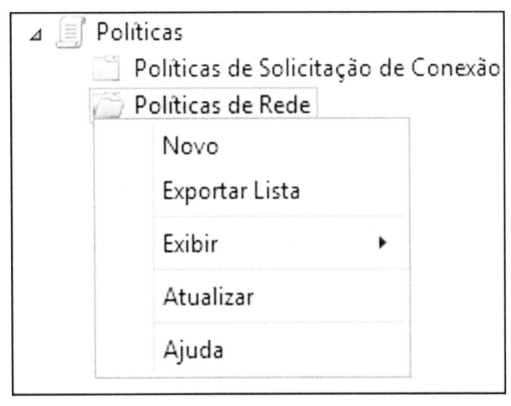

Durante o cadastro de uma política, será necessário definir um nome de identificação, as condições de acesso e parâmetros extras que possam ser necessários.

Ao ser apresentado a tela inicial de cadastro da política, digite um nome de identificação e clique em *Avançar*.

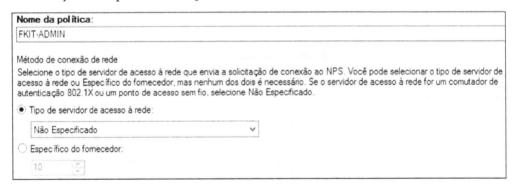

Ao ser apresentado a tela de configuração de condições, clique no botão *Adicionar*, selecione a opção *Grupo do Windows* e adicione o grupo contendo os usuários que devem ter acesso *administrativo* aos switches.

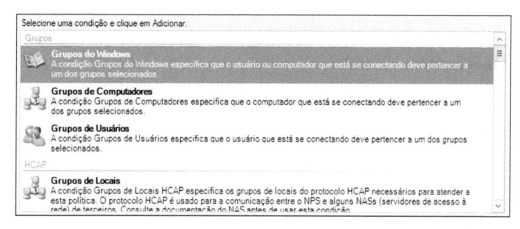

Após efetuar as configurações, a tela de condição deve apresentar o resumos de suas condições.

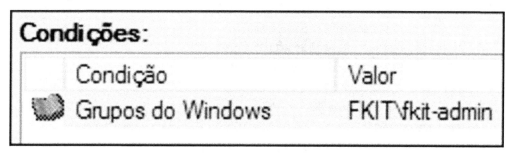

Na próxima tela deve ser selecionado qual será o comportamento do sistema ao encontrar um switch tentando autenticar seus usuários no servidor radius, portanto selecione a opção *Acesso concedido* e clique em *Avançar*.

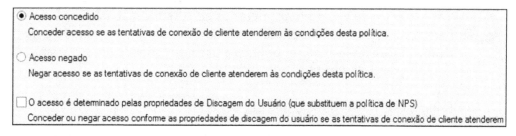

Em nosso exemplo, foi definido que o usuário terá seu acesso permitido caso se autentique com sucesso e seja membro do grupo chamado fkit-admin.

Na próxima tela devem ser configurados os protocolos de autenticação aceitos na comunicação entre o switch e o servidor radius, portanto adicione o protocolo *pap* aos protocolos já selecionados por padrão e clique em *Avançar*.

Os tipos de EAP são negociados entre o NPS e o cliente na ordem em que estão listados.

Tipos de EAP:

| Mover para Cima |
| Mover para Baixo |

[Adicionar...] [Editar...] [Remover]

Métodos de autenticação menos seguros:

- ☑ Autenticação Criptografada da Microsoft versão 2 (MS-CHAP-v2)
  - ☑ Usuário pode alterar a senha após a expiração
- ☑ Autenticação Criptografada da Microsoft (MS-CHAP)
  - ☑ Usuário pode alterar a senha após a expiração
- ☐ Autenticação criptografada (CHAP)
- ☑ Autenticação sem criptografia (PAP, SPAP)
- ☐ Permitir que os clientes se conectem sem negociar um método de autenticação.
- ☐ Executar somente a verificação de integridade do computador

Caso seja apresentada a tela abaixo oferecendo o acesso ao arquivo de ajuda clique no botão **Não** para dar prosseguimento a instalação

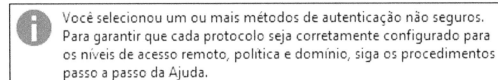

Você selecionou um ou mais métodos de autenticação não seguros. Para garantir que cada protocolo seja corretamente configurado para os níveis de acesso remoto, política e domínio, siga os procedimentos passo a passo da Ajuda.

Exibir o tópico da Ajuda correspondente?

Como não vamos configurar nenhum tipo de restrição, ao ser apresentado para a tela de configuração de restrições simplesmente clique no botão **Avançar** para dar prosseguimento a instalação.

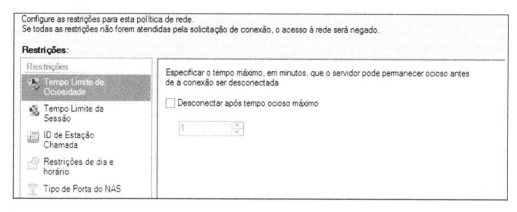

Ao ser apresentado a tela de definição de configurações, selecione a opção padrão, marque e remova os atributos chamados **Framed-protocol** e **Service-Type**.

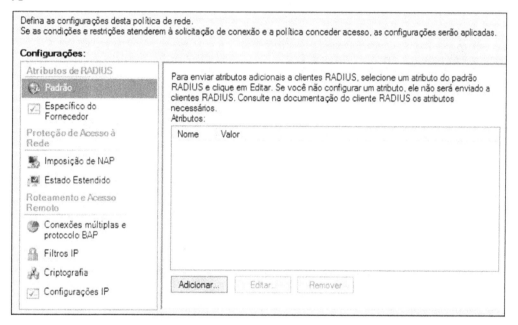

Após remover os atributos padrão, clique no botão **Adicionar**, selecione o tipo de acesso **todos**, marque o atributo **Service-Type** e clique no botão **Adicionar**.

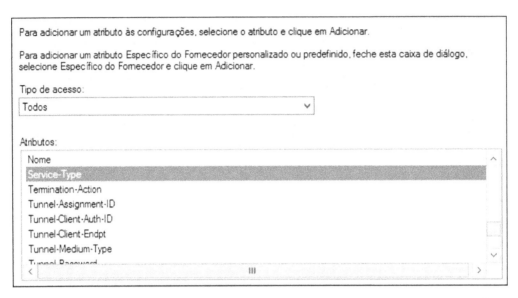

Ao clicar no botão *Adicionar*, será apresentada a tela de informações do atributo, portanto marque a opção *Outros*, selecione a opção *Login* e clique no botão *Ok*.

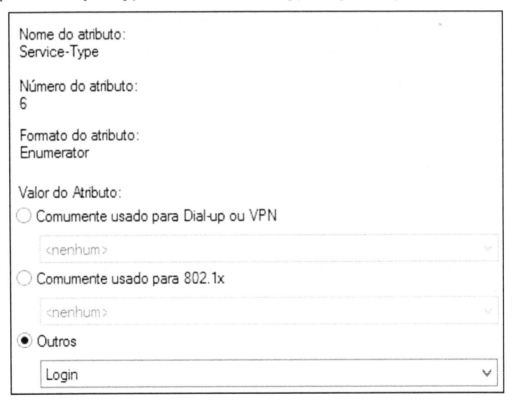

Ao finalizar a configuração do atributo Service-Type como Login a seguinte configuração deve aparecer na janela de configurações.

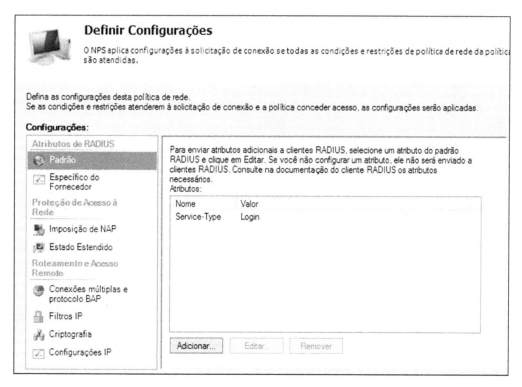

Como próximo passo, marque a opção de atributos de radius **Específicos do fornecedor** disponível na parte superior esquerda da janela e clique no botão **Adicionar**.

Ao ser apresentado a próxima tela, selecione a opção de fornecedor **Todos**, marque o atributo **Vendor-Specific** e clique no botão **Adicionar**.

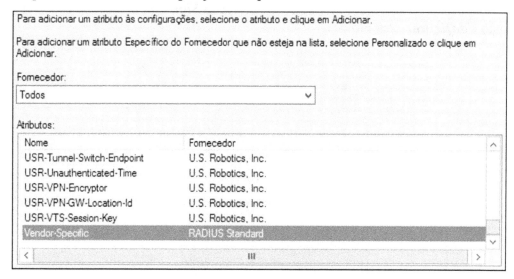

Ao ser apresentado a tela abaixo, clique no botão **Adicionar**.

Nome do atributo:
Vendor-Specific

Número do atributo:
26

Formato do atributo:
OctetString

Valores do atributo:

Fornecedor	Valor		Adicionar...
			Editar
			Remover
			Mover para
			Mover para
		OK	Cancelar

Ao acessar a tela de configuração de atributo especifico do fornecedor, selecione a opção *digitar código do fornecedor* e digite o código *25506* que é responsável por identificar o fornecedor HP, selecione a opção *Sim, está de acordo* e clique no botão *Configurar atributo*.

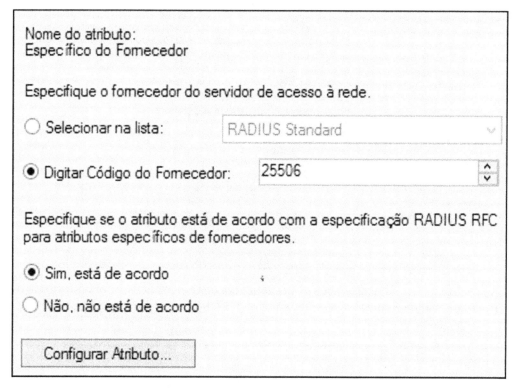

Selecione o atributo **29** que consiste no nível de privilégio do usuário, selecione o formato **decimal** e defina o valor **3** que especifica o nível de permissão administrativo máximo.

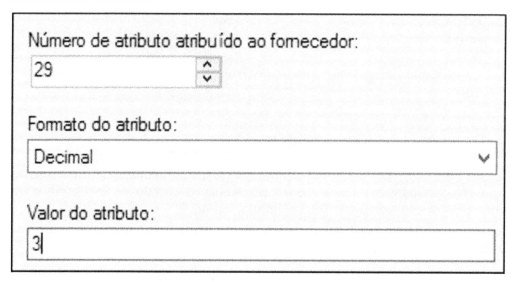

Ao finalizar sua configuração clique no botão **Ok** para confirmar a configuração.

Após verificar sua configuração clique em **Avançar** para acessar o resumo de sua política e posteriormente em **concluir** para finalizar a configuração e ativar sua política de acesso.

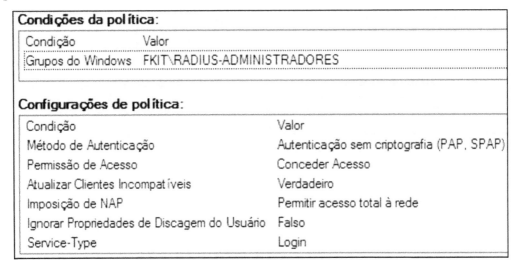

No momento, foi finalizada com sucesso a criação da política de usuários com acesso privilegiado mas ainda existe a pendência da criação de uma política para usuários com acesso exclusivo de leitura, portanto vamos duplicar a política criada anteriormente e adaptar a duplicata para refletir as permissões exclusivas de leitura.

Para duplicar a política existente, acesse a página de administração das políticas, clique com o botão direito do mouse sobre a política criada anteriormente e selecione a opção **Duplicar política**.

Ao selecionar a opção duplicar política será gerada uma cópia chamada cópia de fkit-admin que deve ser editada ao se clicar com o botão direito do mouse e selecionar a opção **Propriedades**.

Ao editar a política duplicata, altere o seu nome de identificação, acesse a guia **Condições** e altere o grupo do Windows para um que contenha os usuários que devem ter permissão exclusivamente de leitura como demonstrado abaixo.

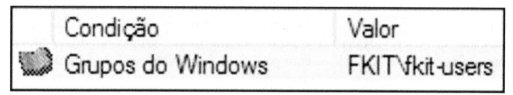

Após alterar o grupo da condição, acesse a guia chamada **Configurações**, selecione a opção de atributos de radius **Específico do fornecedor** e altere o **valor 3** do código do fornecedor 25506 para o **valor 1** que representa permissão exclusiva de leitura como explicado durante o capitulo gestão de conta de usuários.

Para finalizar, clique no botão **Ok** e volte para a tela inicial do servidor radius, clique com o botão direito do mouse sobre a **nova política** e selecione a opção **Habilitar** para que a nova política seja habilitada imediatamente.

É importante ressaltar que o processamento de políticas do servidor radius é feito em ordem crescente e por isso as políticas criadas para os usuários com permissão administrativa, ou de monitoramento devem ser listadas nas posições de processamento 1 e 2 como demonstrado abaixo.

Políticas de Rede

As políticas de rede permitem designar quem está autorizado a se conectar à rede e as circunstâncias nas quais a conexão é ou não possível.

Nome da Política	Status	Ordem de Processamento	Tipo de Acesso	Origem
FKIT-ADMIN	Habilitado	1	Conceder Ac...	Não Especificado
FKIT-USERS	Habilitado	2	Conceder Ac...	Não Especificado

Em nosso exemplo, foi criada uma política de acesso chamada *fkit-admin* que especifica todas as permissões administrativas sobre os switches da nova rede corporativa para os membros do grupo *fkit-admins*, enquanto isso a política chamada fkit-users especifica que os membros do grupo *fkit-users* devem conseguir acessar os dispositivo com permissão exclusivamente de leitura.

Configurar Autenticação Radius

No momento, a única pendencia para finalizar toda a configuração proposta pelo capitulo consiste em efetuar a configuração dos switches para utilizarem o servidor radius como um meio de autenticação de usuários.

Ao ser apresentado a tela inicial da interface administrativa, acesse o menu *Authentication* e clique na opção *RADIUS* para ser enviado a tela de configuração de servidores radius.

Para adicionar um servidor radius, selecione o tipo *Authentication Server*, digite o *endereço do servidor Radius*, selecione o status *ativo* e clique no botão *Aplicar*.

Note que é possível adicionar um segundo servidor radius que será utilizado caso o primeiro não responda a solicitação, ou tenha apresentado problemas de conectividade.

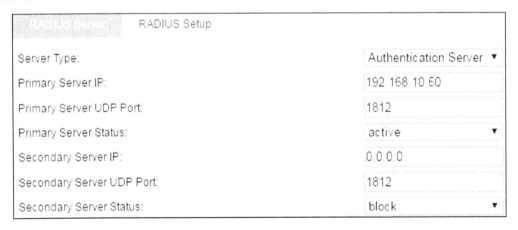

RADIUS Setup

Server Type:	Authentication Server ▼
Primary Server IP:	192.168.10.50
Primary Server UDP Port:	1812
Primary Server Status:	active ▼
Secondary Server IP:	0.0.0.0
Secondary Server UDP Port:	1812
Secondary Server Status:	block ▼

Como próximo passo, acesse a guia *Radius setup*, selecione o tipo de servidor *estendido*, marque a caixa de seleção *Authentication server shared key* e digite a *chave compartilhada* cadastrada no servidor Radius, altere o formato de username para *without-domain*, digite o endereço do servidor radius na opção *Security policy server* e clique no botão *Aplicar*.

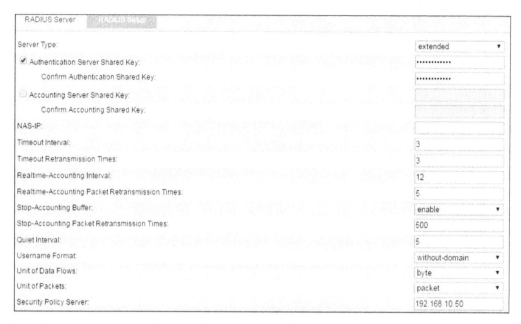

Em nosso exemplo, foi configurada a utilização do servidor radius com o endereço 192.168.10.50 utilizando a versão estendida do protocolo radius com o segredo compartilhado kamisama123@.

Ao finalizar o cadastro do servidor, será necessário alterar o esquema de autenticação do switch para utilizar o servidor radius, portanto acesse o menu **Authentication** e clique na opção **AAA**.

Ao acessar a guia **Domain setup**, cadastre um nome de domínio para identificar os usuários da empresa e determine que este deve ser o domínio padrão utilizado pelo switch ao selecionar a opção **Enable** e clicar no botão **Aplicar**.

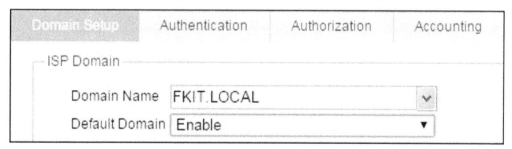

Para configurar a autenticação através do servidor radius, acesse a guia **Authetication**, selecione o domínio criado anteriormente, marque a opção **Login AuthN**, selecione a opção **Radius**, selecione o nome **system**, defina o método de autenticação secundário como **local** e clique no botão **Aplicar**.

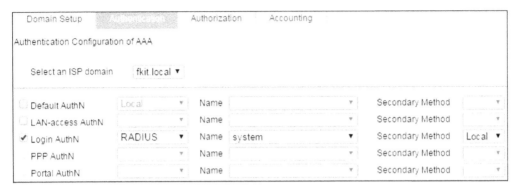

Em nosso exemplo, foi criado o domínio fkit.local, foi definido que o modelo de autenticação para login no equipamento será através do protocolo radius utilizando o esquema de autenticação chamado *system* que se trata do nome padrão do esquema de autenticação radius criado através da interface web do switch.

Como método secundário de autenticação foi configurada a opção local que determina que o switch deve utilizar a base de usuários locais para efetuar a autenticação caso os servidores radius cadastrados estejam com problema, ou não possam ser acessados.

Ao terminar a configuração da autenticação, acesse a guia *Authorization*, efetue a mesma configuração feita na guia *Authentication* e clique no botão *Aplicar*.

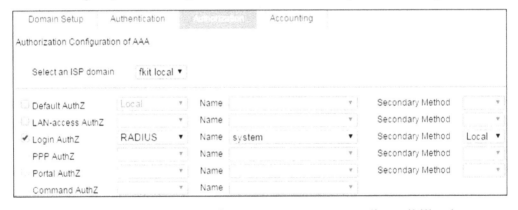

Para verificar sua configuração, clique na opção *Logout* disponibilizada na parte superior direita da janela, tente acessar a interface web administrativa com uma das contas criadas anteriormente no active directory que sejam membro do grupo fkit-admin ou fkit-users e verifique se o menu apresentado está de acordo com as permissões definidas anteriormente.

Após finalizar a configuração da autenticação radius como demonstrado, lembre-se de salvar a sua configuração ao clicar na opção *Save* disponibilizada na parte superior direita da janela.

Pode ser que alguns leitores prefiram utilizar a linha de comando ao invés da interface web administrativa, sendo assim também demonstraremos como efetuar a configuração de um switch para autenticar através um servidor radius.

Seja através da console, telnet ou ssh, conecte-se a linha de comando de seu switch e efetue login com um usuário que tenha permissão administrativa.

Caso se aplique ao seu modelo de switch, digite o comando *_cmdline-mode* para acessar a linha de comando secreta do dispositivo.

```
#   cmdline-mode on
```

Digite o comando abaixo para entrar em modo de configuração.

```
# system-view
```

Crie um esquema de autenticação radius chamado system, defina a utilização da versão estendida do protocolo, cadastre o endereço do servidor radius e digite o segredo compartilhado responsável por autorizar a comunicação entre o switch e o servidor radius.

```
# radius scheme system
# server-type extended
# primary authentication 192.168.10.50
# security-policy-server 192.168.10.50
# key authentication simple kamisama123@
# user-name-format without-domain
```

Em nosso exemplo, foi configurada a utilização do servidor radius com o endereço 192.168.10.50 utilizando a versão estendida do protocolo radius com o segredo compartilhado kamisama123@ e foi determinado que durante o login a autenticação ocorrera sem a necessidade de digitar o domínio da empresa juntamente com o nome de usuário.

Para verificar sua configuração, execute o comando abaixo e confira o resumo de sua configuração.

```
# display radius scheme
```

Após finalizar a criação do esquema de autenticação radius, cadastre um nome de domínio para identificar os usuários da empresa, configure a autenticação e autorização do switch para utilizar o esquema radius chamado system e como método secundário utilizar a base de usuários local.

```
# domain fkit.local
# authentication login radius-scheme system local
# authorization login radius-scheme system local
```

Ao terminar a configuração, defina este como o domínio padrão de autenticação.

```
# domain default enable fkit.local
```

Para verificar sua configuração, execute o comando abaixo e confira o resumo de sua configuração.

```
# display domain fkit.local
```

Lembre-se de salvar a sua configuração através do comando abaixo.

```
# save
```

Para remover a configuração da autenticação através de um servidor radius, estando no modo de configuração, execute o comando abaixo.

```
# undo domain fkit.local
# undo radius scheme system
```

Conclusão

Este capítulo ensinou de maneira prática como efetuar a instalação de um servidor radius integrado ao domínio active directory e com isso efetuar o gerenciamento de acesso aos switches de maneira centralizada.

Durante este capitulo foi possível acompanhar a jornada de Luke enquanto este efetuava a configuração dos switches para o projeto de criação de uma nova rede corporativa e atendia aos seguintes requisitos de escopo listados no documento chamado *requisitos da nova rede corporativa*:

• Deve ser possível integrar a autenticação dos switches com o active directory
• Deve ser possível utilizar diferentes níveis de acesso aos switches

Ao final deste capitulo o leitor deve se sentir confiante e ser capaz de efetuar a administração de maneira centralizada dos acesso aos switches de sua rede através da utilização de um servidor radius.

Para reforçar o aprendizado, foram publicados em nosso canal do youtube os seguintes vídeos que demonstram a utilização das técnicas apresentadas ao longo deste capitulo:

• HP Switch – Autenticação radius
• Windows 2012 – Instalar servidor radius

– Capítulo 10 –

MONITORAMENTO DA REDE

Ao terminar de efetuar a instalação e configuração básica da nova rede corporativa com sucesso, Luke decide que é chegada a hora de preparar os novos switches para serem integrados ao sistema de monitoramento de rede existente da empresa.

Um sistema de monitoramento consiste em uma, ou mais aplicações que permitem ao administrador da rede coletar informações remotamente sobre o funcionamento dos dispositivos de sua rede de maneira centralizada.

Para que um sistema de monitoramento seja capaz de se conectar e coletar dados remotamente de um switch através da rede, o dispositivo deve ter o serviço snmp configurado.

O snmp consiste em um protocolo criado para padronizar a coleta de informações remotamente em um dispositivo de maneira consistente através de um sistema de perguntas e respostas.

Este capítulo tem o objetivo de demonstrar como efetuar a configuração do snmp em um switch através de uma abordagem detalhada passo a passo, e com isso ensinar, ou esclarecer dúvidas que o leitor possa ter sobre este assunto.

Durante este capítulo serão apresentadas as seguintes tarefas relacionadas a implantação do projeto da nova rede corporativa:

• Como configurar o snmp versão 2c no switch
• Como configurar o snmp versão 3 no switch

Todos os ensinamentos deste capítulo serão apresentados de maneira prática utilizando o ponto de vista do analista Luke durante a implantação de seu projeto.

Configurar SNMP

Após uma reunião com as partes interessadas, foi decidido que os switches da nova rede corporativa devem ser adicionados ao sistema de monitoramento existente administrado pela equipe de especialistas Linux.

Em nosso exemplo, os switches da rede devem ter o serviço snmp habilitado e configurado para que o sistema de monitoramento existente seja capaz de coletar informações remotamente sobre o dispositivo.

Ao ser apresentado a tela inicial da interface administrativa, acesse o menu *Device* e clique na opção *SNMP* para ser enviado a tela de configuração do serviço snmp.

Para habilitar o snmp, acesse a guia *Setup*, selecione a opção *Enable*, defina uma pessoa de contato, a localização do equipamento, marque a versão *v2c* e clique no botão *Aplicar*.

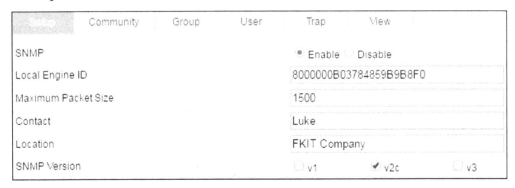

Durante a ativação do serviço é necessário selecionar quais versões do protocolo snmp devem ser habilitadas no dispositivo, portanto segue abaixo uma lista das versões disponíveis e suas respectivas descrições.

Em sua *primeira versão* o protocolo snmp oferece apenas um sistema básico de solicitação e resposta entre 2 dispositivos que se autentiquem através do conhecimento de uma senha compartilhada conhecida como comunidade snmp.

Em sua *subversão 2c* o protocolo snmp foi revisado e ganhou algumas melhorias como novas funcionalidades relacionadas a troca de informação entre os dispositivos de maneira mais eficiente.

Em sua *terceira versão* o protocolo snmp introduziu um modelo de segurança da informação que passou a oferecer recursos como a autenticação através de usuário e senha juntamente com a criptografia.

Em nosso exemplo, foi verificado que o sistema de monitoramento da empresa ainda não possui suporte ao protocolo snmp em sua versão 3 e por isso foi selecionada a versão 2c do protocolo.

Após habilitar o snmp será necessário efetuar a criação de uma comunidade snmp para autenticar as mensagens entre o sistema de monitoramento e o switch, portanto acesse a guia *Community*, clique no botão *Adicionar*, digite um nome para sua comunidade, selecione a permissão de acesso *read-only* e clique no botão *Aplicar*.

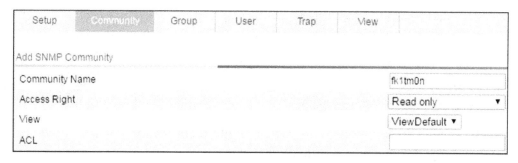

Para testar a comunicação snmp, foi efetuado o download do software **Paessler SNMP Tester** que é um software gratuito capaz de executar essa função.

Ao executar o programa, digite o **endereço do switch** a ser testado, selecione a **versão 2c** do protocolo, digite a **comunidade snmp** configurada anteriormente, selecione a opção **Read device uptime** e clique no botão **Start**.

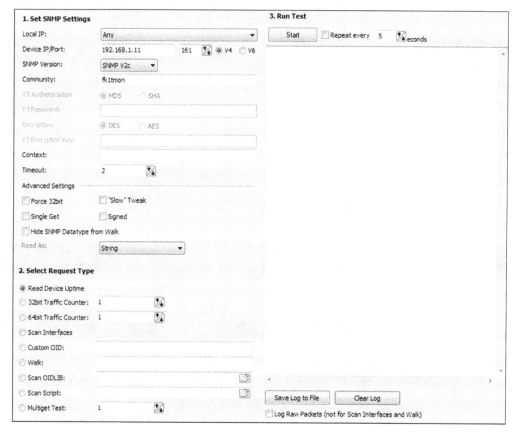

Em nosso exemplo, o serviço snmp foi habilitado em sua versão 2c, uma comunidade chamada **fk1tmon** foi criada com permissões exclusivas de leitura e foi testado o acesso remoto ao serviço através de uma consulta feita com o software **Paessler SNMP Tester.**

Após finalizar a configuração do snmp, lembre-se de salvar a sua configuração ao clicar na opção **Save** disponibilizada na parte superior direita da janela.

Pode ser que alguns leitores prefiram utilizar a linha de comando ao invés da interface web administrativa, sendo assim também demonstraremos como efetuar a configuração do snmp através da linha de comando.

Seja através da console, telnet ou ssh, conecte-se a linha de comando de seu switch e efetue login com um usuário que tenha permissão administrativa.

Caso se aplique ao seu modelo de switch, digite o comando *_cmdline-mode* para acessar a linha de comando secreta do dispositivo.

```
# _cmdline-mode on
```

Digite o comando abaixo para entrar em modo de configuração.

```
# system-view
```

Habilite o snmp em sua versão 2c, efetue a configuração da pessoa de contato e da localização desejada através dos comandos abaixo.

```
# snmp-agent
# snmp-agent sys-info version v2c
# snmp-agent sys-info contact Luke
# snmp-agent sys-info location FKIT Company
```

Efetue a criação de uma comunidade snmp com permissão de leitura como demonstrado.

```
# snmp-agent community read fk1tm0n
```

Para verificar sua configuração, execute os comandos abaixo e confira o seu resumo.

```
# display snmp-agent sys-info
# display snmp-agent community
```

Lembre-se de salvar a sua configuração através do comando abaixo.

```
# save
```

Para deletar uma comunidade snmp existente, estando no modo de configuração, execute o comando abaixo e defina a comunidade de leitura a ser removida.

```
# undo snmp-agent community read fk1tm0n
```

Execute os comandos abaixo para desabilitar o serviço snmp em seu switch.

```
# undo snmp-agent
# undo snmp-agent sys-info version v2c
```

Configurar SNMP Versão 3

Apesar do sistema de monitoramento existente da empresa utilizar o protocolo snmp em sua versão 2c também será demonstrado como habilitar e configurar o serviço snmp em sua versão 3 no switch.

Ao ser apresentado a tela inicial da interface administrativa, acesse o menu **Device** e clique na opção **SNMP** para ser enviado a tela de configuração do serviço snmp.

Para habilitar o snmp, acesse a guia **Setup**, selecione a opção **Enable**, mantenha o valor de local engine ID gerado automaticamente, defina uma pessoa de contato, a localização do equipamento, marque a versão **v3** e clique no botão **Aplicar**.

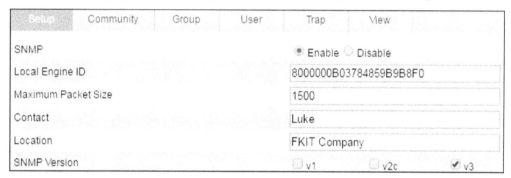

Após habilitar o snmp será necessário efetuar a criação de um grupo de permissões, portanto acesse a guia **Group**, clique no botão **Adicionar**, digite um nome para seu grupo, selecione o nível de segurança **AuthPriv**, configure a opção **Read view** como **viewdefault** e clique no botão **Aplicar**.

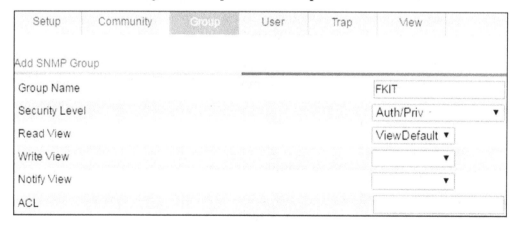

Em nosso exemplo, foi habilitado o snmp em sua versão 3 e foi configurado o nível mais alto de segurança **authpriv** com permissões exclusivas de leitura.

Para criar um novo usuário snmp, acesse a guia **User**, clique no botão **Adicionar**, digite um nome de usuário, selecione o nível de segurança **authpriv**, selecione o grupo de permissões criado anteriormente, selecione o modo de autenticação *sha*, digite uma *senha* responsável pela autenticação do usuário, selecione o modo de privacidade *aes128* e digite uma *senha* responsável pela criptografia e clique no botão *Adicionar*.

Durante a criação do usuário é necessário selecionar o nível de segurança a ser utilizado na comunicação, portanto segue abaixo uma lista das opções disponíveis e suas respectivas descrições.

O nível chamado *NoauthNopriv* determina que o protocolo snmp em sua versão 3 não deve utilizar os recursos de autenticação nem os recursos de criptografia disponíveis.

O nível chamado *AuthNopriv* determina que o protocolo snmp em sua versão 3 deve oferecer os recursos de autenticação através de usuário e senha mas não deve oferece o recurso de criptografia da comunicação.

O nível chamado *AuthPriv* determina que o protocolo snmp em sua versão 3 deve oferecer tanto o recurso de autenticação através de usuário e senha quanto o recurso de criptografia da comunicação através de um segredo compartilhado.

Em nosso exemplo, foi configurado um usuário snmp chamado *monitor* com o nível de segurança *authpriv*, o algoritmo de autenticação *sha* e a senha de autenticação *123456789*, o algoritmo de criptografia *aes128* e a senha de criptografia *987654321*.

Para testar a comunicação snmp, foi efetuado o download do software *Paessler SNMP Tester* que é um software gratuito capaz de executar essa função.

Ao executar o programa, digite o *endereço do switch* a ser testado, selecione a *versão 3* do protocolo, selecione o algoritmo *sha*, selecione o algoritmo *aes*, digite o *username snmp* configurado anteriormente, digite a *senha de autenticação* do usuário snmp, digite a *senha para criptografia*, selecione a opção *Read device uptime* e clique no botão *Start*.

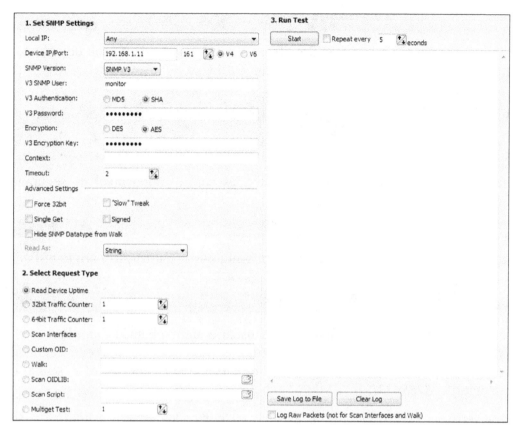

Em nosso exemplo, o serviço snmp foi habilitado em sua versão 3, um usuário chamado monitor foi criado com o nível de segurança *authpriv*, foi configurado o algoritmo de autenticação *sha* com a senha de autenticação *123456789*, foi configurado o algoritmo de criptografia *aes128* com a senha de criptografia *987654321* e foi testado o acesso remoto ao serviço através de uma consulta feita com o software *Paessler SNMP Tester.*

Após finalizar a configuração do snmp, lembre-se de salvar a sua configuração ao clicar na opção *Save* disponibilizada na parte superior direita da janela.

Pode ser que alguns leitores prefiram utilizar a linha de comando ao invés da interface web administrativa, sendo assim também demonstraremos como efetuar a configuração do snmp através da linha de comando.

Seja através da console, telnet ou ssh, conecte-se a linha de comando de seu switch e efetue login com um usuário que tenha permissão administrativa.

Caso se aplique ao seu modelo de switch, digite o comando *_cmdline-mode* para acessar a linha de comando secreta do dispositivo.

```
# cmdline-mode on
```

Digite o comando abaixo para entrar em modo de configuração.

```
# system-view
```

Habilite o snmp em sua versão 3 e efetue a configuração da pessoa de contato e da localização desejada através dos comandos abaixo.

```
# snmp-agent
# snmp-agent sys-info version v3
# snmp-agent sys-info contact Luke
# snmp-agent sys-info location FKIT Company
```

Efetue a criação de um grupo de permissões com o modo nível de segurança authpriv através do comando abaixo.

```
# snmp-agent group v3 FKIT privacy
```

Efetue a criação de um usuário snmp com senhas de autenticação e criptografia.

```
# snmp-agent usm-user v3 monitor FKIT authentication-mode sha 123456789 privacy-m
ode aes128 987654321
```

Em nosso exemplo, foi configurado um usuário snmp chamado *monitor* com o nível de segurança *authpriv*, o algoritmo de autenticação *sha* e a senha de autenticação *123456789*, o algoritmo de criptografia *aes128* e a senha de criptografia *987654321*.

Para verificar sua configuração, execute os comandos abaixo e confira o seu resumo.

```
# display snmp-agent sys-info
# display snmp-agent usm-user
```

Lembre-se de salvar a sua configuração através do comando abaixo.

```
# save
```

Para deletar um usuário snmp existente, estando no modo de configuração, execute o comando abaixo e defina um usuário e seu grupo.

```
# undo snmp-agent usm-user v3 monitor FKIT local
```

Execute o comando abaixo para desabilitar o serviço snmp em seu switch.

```
# undo snmp-agent
# undo snmp-agent sys-info version v3
```

Conclusão

Este capítulo ensinou de maneira prática como efetuar a configuração do serviço snmp, seja em sua versão 2c, ou em sua versão 3 para com isso permitir que um sistema de monitoramento se conecte aos switches da rede.

Durante este capítulo foi possível acompanhar a jornada de Luke enquanto este efetuava a configuração dos switches para o projeto de criação de uma nova rede corporativa e atendia aos seguintes requisitos de escopo listados no documento chamado ***requisitos da nova rede corporativa***:

• Deve ser possível monitorar os switches através de snmp

Ao final deste capítulo o leitor deve se sentir confiante e ser capaz de efetuar a configuração do serviço snmp em suas versões 2c e 3 para com isso permitir o monitoramento de seus switches remotamente através da rede.

Para reforçar o aprendizado, foram publicados em nosso canal do youtube os seguintes vídeos que demonstram a utilização das técnicas apresentadas ao longo deste capítulo:

• HP Switch – Configurar SNMP
• HP Switch – Configurar SNMPv3

– Capítulo 11 –

MONITORAMENTO DE PORTA

Ao finalizar a configuração do snmp e adicionar os novos switches ao sistema de monitoramento da rede existente, Luke pode observar que uma porta especifica de seu switch estava utilizando uma alta taxa de transferência de dados indevidamente e decide investigar o incidente.

Uma rede de computadores sempre estará sujeita a falhas, consequentemente, a identificação da causa raiz de um problema de rede pode ser uma tarefa extremamente frustrante.

A utilização de técnicas como o espelhamento de portas oferece uma maneira rápida e fácil para administradores de rede efetuarem um diagnóstico ou depurarem um problema.

O espelhamento de portas trata-se de um termo genérico que define a replicação do trafego de entrada e saída de uma ou mais portas do switch para uma porta especifica de monitoramento.

Este capítulo tem o objetivo de demonstrar como efetuar a configuração da técnica de espelhamento de portas através de uma abordagem detalhada passo a passo, e com isso ensinar, ou esclarecer dúvidas que o leitor possa ter sobre este assunto.

Durante este capítulo serão apresentadas as seguintes tarefas relacionadas a implantação do projeto da nova rede corporativa:

• Como configurar o espelhamento de portas

Todos os ensinamentos deste capítulo serão apresentados de maneira prática utilizando o ponto de vista do analista Luke durante a implantação de seu projeto.

Espelhamento de Portas

Após observar a alta taxa de transferência da interface de número 20 do switch através do sistema de monitoramento da rede, Luke decidiu investigar o trafego de entrada e saída da porta através do espelhamento para um computador rodando um software de análise de trafego de rede.

Em nosso exemplo, o tráfego de entrada e saída da porta de número 20 deve ser replicado para a porta de número 10 do mesmo switch que estará conectada em um computador rodando um software de análise de trafego de rede.

A configuração do espelhamento demonstrada vai permitir que o computador conectado na porta de número 10 do switch seja capaz de monitorar todo trafego de entrada e saída do computador suspeito, conectado na porta de número 20.

Ao ser apresentado a tela inicial da interface administrativa, acesse o menu *Device* e clique na opção *Port Mirroring* para ser enviado a tela de configuração do espelhamento de portas.

Para habilitar o espelhamento de portas, selecione a guia *Create*, digite um identificador numérico para o grupo de monitoramento, selecione o tipo de monitoramento *local* e clique em *Aplicar*.

Para configurar a porta responsável pelo monitoramento, selecione a guia *Modify port*, escolha o grupo de monitoramento criado anteriormente, defina o tipo *monitor* de porta, marque a porta do switch que será responsável pelo monitoramento e clique no botão *Aplicar*.

Para configurar a porta que será monitorada e finalizar sua configuração, selecione novamente a guia *Modify port*, escolha o grupo de monitoramento criado anteriormente, defina o tipo *mirror* de porta, marque a porta do switch que deve ser monitorada e clique no botão *Aplicar.*

Para verificar sua configuração, selecione a guia **Summary** e confira o resumo de sua configuração de espelhamento.

Deste momento em diante, todo trafego de entrada e saída da porta de número 20 será replicado automaticamente para a porta de número 10 do mesmo switch, portanto será necessário efetuar a instalação de um software capaz de analisar o tráfego de rede neste computador.

Para analisar o trafego de rede replicado para este computador, foi efetuado o download do software **Wireshark** que é um software gratuito capaz de executar essa função.

Após efetuar a instalação corretamente com suporte a biblioteca **winpcap**, será possível visualizar o trafego de rede através da interface gráfica do software como demonstrado abaixo.

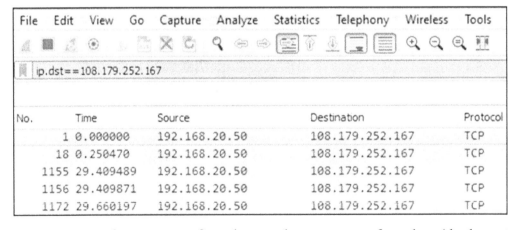

Em nosso exemplo, tanto o trafego de entrada quanto o trafego de saída da porta de número 20 foram replicados para a porta de número 10 do mesmo switch que estava conectada a um computador rodando um software de análise de rede.

Ao analisar o trafego capturado, foi detectado que o dispositivo conectado na porta de número 20 do switch consiste na estação de trabalho da usuária *Léia* que está consumindo quase toda a largura de banda do link de internet da empresa para efetuar downloads do website www.fucking-it.com que utiliza o endereço 108.179.252.167.

Um ponto baixo da utilização desta técnica é o consumo excessivo de processamento e memória do switch devido a replicação de trafego para a porta de monitoramento, portanto deve-se utilizar o espelhamento apenas durante um curto período de tempo e remover sua configuração tão logo o problema tenha sido analisado ou resolvido.

Pode ser que alguns leitores prefiram utilizar a linha de comando ao invés da interface web administrativa, sendo assim também demonstraremos como efetuar a configuração do espelhamento de portas através da linha de comando.

Seja através da console, telnet ou ssh, conecte-se a linha de comando de seu switch e efetue login com um usuário que tenha permissão administrativa.

Caso se aplique ao seu modelo de switch, digite o comando _**cmdline-mode** para acessar a linha de comando secreta do dispositivo.

```
# cmdline-mode on
```

Digite o comando abaixo para entrar em modo de configuração.

```
# system-view
```

Efetue a criação do grupo de monitoramento como demonstrado.

```
# mirroring-group 1 local
```

Ao concluir a criação do grupo de monitoramento, associe a interface 10 do switch ao grupo em modo de monitoramento.

```
# interface GigabitEthernet1/0/10
# mirroring-group 1 monitor-port
```

Para finalizar sua configuração, associe a interface 20 do switch ao grupo em modo de espelhamento.

```
# interface GigabitEthernet1/0/20
# mirroring-group 1 mirroring-port both
```

Para verificar sua configuração, execute o comando abaixo e confira o resumo de sua configuração de monitoramento.

```
# display mirroring-group 1
```

Lembre-se de salvar a sua configuração através do comando abaixo.

```
# save
```

Para desativar o espelhamento de portas, estando no modo de configuração, execute o comando abaixo.

```
# undo mirroring-group 1
```

Conclusão

Este capítulo ensinou de maneira prática como efetuar a configuração do espelhamento para monitorar o trafego de entrada e saída das portas selecionadas de um switch e com isso diagnosticar algum tipo de problema da rede.

Durante este capítulo foi possível acompanhar a jornada de Luke enquanto este efetuava a configuração dos switches para o projeto de criação de uma nova rede corporativa e atendia aos seguintes requisitos de escopo listados no documento chamado ***requisitos da nova rede corporativa***:

• Deve ser possível monitorar o trafego de uma interface através de espelhamento

Ao final deste capítulo o leitor deve se sentir confiante e ser capaz de efetuar a configuração do monitoramento de uma interface de rede através do espelhamento para com isso diagnosticar algum tipo de problema em sua rede.

Para reforçar o aprendizado, foram publicados em nosso canal do youtube os seguintes vídeos que demonstram a utilização das técnicas apresentadas ao longo deste capítulo:

• HP Switch – Configurar port mirror
• Windows – Instalação do Wireshark

– Capítulo 12 –

FILTRO DE PACOTES

Ao observar que uma porta especifica de seu switch estava utilizando uma alta taxa de transferência de dados indevidamente, Luke utilizou a técnica de espelhamento de portas demonstrada no capítulo anterior e diagnosticou que o computador conectado na porta 20 de seu switch estava efetuando inúmeros downloads do website www.fucking-it.com.

Após analisar o trafego e determinar que o acesso ao website www.fucking-it.com não está diretamente ligado as atividades da empresa, Luke decidiu utilizar a técnica de filtro de pacotes e bloquear o acesso ao website.

A utilização de técnicas como o filtro de pacotes oferece uma maneira rápida e fácil para administradores efetuarem o bloqueio de acesso a determinados endereços e com isso aumentar o controle sobre a rede de sua empresa.

Este capítulo tem o objetivo de demonstrar como efetuar a configuração da técnica de filtro de pacotes através de uma abordagem detalhada passo a passo, e com isso ensinar, ou esclarecer dúvidas que o leitor possa ter sobre este assunto.

Durante este capítulo serão apresentadas as seguintes tarefas relacionadas a implantação do projeto da nova rede corporativa:

• Como filtrar o acesso a determinados endereços

Todos os ensinamentos deste capítulo serão apresentados de maneira prática utilizando o ponto de vista do analista Luke durante a implantação de seu projeto.

Descrição Passo a Passo

O processo filtro de trafego de rede é complexo e requer toda a atenção do analista para que os inúmeros passos necessários sejam compreendidos e executados com perfeição, em vista disso segue abaixo uma lista das tarefas necessárias e suas respectivas descrições.

Como primeiro passo, será necessário efetuar a criação de uma lista de acesso contendo todos os endereços que devem ser bloqueados.

Como segundo passo, será necessário efetuar a criação de uma classe que vai utilizar a lista de acesso criada anteriormente para classificar o trafego como parte da lista de endereços bloqueados.

Como terceiro passo, será necessário efetuar a criação de um comportamento que será utilizado como resposta para o trafego classificado como parte da lista de endereços bloqueados.

Como quarto passo, será necessário efetuar a criação de uma política que vai juntar todas as informações dos passos anteriores, ou seja, uma política será criada para determinar que todo trafego classificado como parte da lista de endereços bloqueados deverá ser tratado de acordo com o comportamento definido durante o terceiro passo listado acima.

Como quinto e último passo, a política responsável por bloquear o acesso a uma lista de endereços será aplicada em uma interface de rede do switch.

Criar Lista de Acesso

O bloqueio do acesso a uma lista de endereços consiste em um processo de várias etapas que tem como seu primeiro passo, a criação de uma lista contendo os endereços que devem ser bloqueados.

Em nosso exemplo, será criada uma lista de acesso contendo os endereços que devem ter seus acessos bloqueados.

Ao ser apresentado a tela inicial da interface administrativa, acesse o menu *QoS* e clique na opção *ACL IPV4* para ser enviado a tela de configuração de listas de acesso.

Para criar uma lista de acesso, selecione a opção *Create*, digite um identificador numérico para a lista de acesso e clique em *Aplicar*.

Durante a criação de uma lista de acesso é necessário definir um identificador numérico que representa o tipo de lista que será criado, portanto segue abaixo uma lista contendo os tipos disponíveis e suas respectivas descrições.

O identificador numérico **entre 2000 e 2999,** representa uma lista de acesso do tipo básica e permite que sejam definidos apenas endereços de origem do pacote.

O identificador numérico **entre 3000 e 3999,** representa uma lista de acesso do tipo avançada que permite a definição de mais opções como endereços tanto de origem quanto de destino e também a definição de outras configurações como o tipo de protocolo, suas portas de origem e destino.

O identificador numérico *entre 4000 e 4999,* representa uma lista de acesso de camada 2 e permitem que sejam definidos endereços mac e outras informações de protocolos de camada 2.

Ao terminar a criação de sua lista de acesso avançada, selecione a guia *Advanced Setup*, escolha a *lista de acesso* que deseja editar, selecione a ação *Deny* para bloquear o acesso, marque a caixa de endereço *de destino* e digite o endereço a ser bloqueado.

Ainda na guia *Advanced security*, selecione o tipo de protocolo que deseja bloquear e clique no botão *Add* para adicionar sua configuração.

Em nosso exemplo, foi criada uma lista de acesso avançada com a identificação 3000, em sua configuração foi bloqueado todo o trafego do protocolo IP para o endereço de destino 108.179.252.167 que consiste no endereço do website www.fucking-it.com.

Para verificar sua configuração, selecione a guia *Summary* e marque a regra de acesso na qual deseja efetuar a verificação.

Após finalizar a criação da lista de acesso como demonstrado, lembre-se de salvar a sua configuração ao clicar na opção *Save* disponibilizada na parte superior direita da janela.

Caso seja necessário remover uma lista de acesso, selecione a guia *Remove*, marque a regra desejada e clique no botão *Remove*.

Pode ser que alguns leitores prefiram utilizar a linha de comando ao invés da interface web administrativa, sendo assim também demonstraremos como efetuar a criação de uma lista de acesso através da linha de comando.

Seja através da console, telnet ou ssh, conecte-se a linha de comando de seu switch e efetue login com um usuário que tenha permissão administrativa.

Caso se aplique ao seu modelo de switch, digite o comando **_cmdline-mode** para acessar a linha de comando secreta do dispositivo.

```
# cmdline-mode on
```

Digite o comando abaixo para entrar em modo de configuração.

```
# system-view
```

Crie uma nova lista de acesso avançada, adicione uma descrição e defina as regras desejadas.

```
# acl number 3000
# description BLACKLIST-IP
# rule 0 deny ip destination 108.179.252.167 0.0.0.0
```

Para verificar sua configuração, execute o comando abaixo e confira o seu resumo.

```
# display acl 3000
```

Lembre-se de salvar a sua configuração através do comando abaixo.

```
# save
```

Para deletar uma lista de acesso existente, estando no modo de configuração, execute o comando abaixo e defina a regra a ser removida.

```
# undo acl number 3000
```

Criar Classe de Acesso

Como informado anteriormente, o bloqueio do acesso a uma lista de endereços consiste em um processo de várias etapas que tem como seu segundo passo, a criação de uma classe que será utilizada para identificar qual tipo de trafego deverá ser bloqueado.

Em nosso exemplo, será criada uma classe responsável por determinar qual lista de acesso deve ter seu trafego bloqueado.

Ao ser apresentado a tela inicial da interface administrativa, acesse o menu *QoS* e clique na opção *Classifier* para ser enviado a tela de configuração de classes.

Para criar uma nova classe de acesso, selecione a opção *Create*, digite um nome para a classe e clique no botão *Create.*

Summary	Create	Setup	Remove

Classifier Name	BLACKLIST
Operation	And ▼

Ao terminar a criação de sua classe, selecione a guia *Setup*, escolha a *classe* que deseja editar, marque a caixa *ACL IPV4* e digite o *número de identificação* da regra de acesso criada anteriormente e clique no botão *Aplicar*.

ACL

☑ ACL IPv4   3000 ▼   (2000-4999)

☐ ACL IPv6   ▼   (2000-3999)

Em nosso exemplo, foi criada uma classe identificada como blacklist, como parte dessa classe foi adicionada a lista de acesso avançada 3000 criada anteriormente que define o bloqueio de trafego para o endereço de destino 108.179.252.167 que se trata do endereço do website www.fucking-it.com.

Para verificar sua configuração, selecione a guia *Summary* e marque a classe na qual deseja efetuar a verificação.

Após finalizar a criação da classe de acesso como demonstrado, lembre-se de salvar a sua configuração ao clicar na opção *Save* disponibilizada na parte superior direita da janela.

Caso seja necessário remover uma classe de acesso, selecione a guia *Remove*, marque a classe desejada e clique no botão *Remove*.

Pode ser que alguns leitores prefiram utilizar a linha de comando ao invés da interface web administrativa, sendo assim também demonstremos como efetuar a criação de uma classe de acesso através da linha de comando.

Seja através da console, telnet ou ssh, conecte-se a linha de comando de seu switch e efetue login com um usuário que tenha permissão administrativa.

Caso se aplique ao seu modelo de switch, digite o comando *_cmdline-mode* para acessar a linha de comando secreta do dispositivo.

```
#  cmdline-mode on
```

Digite o comando abaixo para entrar em modo de configuração.

```
# system-view
```

Crie uma nova classe e associe uma lista de acesso.

```
# traffic classifier BLACKLIST operator and
# if-match acl 3000
```

Para verificar sua configuração, execute o comando abaixo e confira o seu resumo.

```
# display traffic classifier user-defined BLACKLIST
```

Lembre-se de salvar a sua configuração através do comando abaixo.

```
# save
```

Para deletar uma classe de acesso existente, estando no modo de configuração, execute o comando abaixo e defina a regra a ser removida.

```
# undo traffic classifier BLACKLIST
```

Criar Comportamento

Como informado anteriormente, o bloqueio do acesso a uma lista de endereços consiste em um processo de várias etapas que tem como seu terceiro passo, a criação de um comportamento que será utilizado em resposta ao trafego de rede identificado pela classe criada anteriormente.

Em nosso exemplo, será criado um comportamento responsável por bloquear todo tipo de acesso.

Ao ser apresentado a tela inicial da interface administrativa, acesse o menu *QoS* e clique na opção *Behavior* para ser enviado a tela de configuração de comportamento.

Para criar um novo comportamento, selecione a opção *Create*, digite um nome para o comportamento e clique no botão *Create.*

Ao terminar a criação de seu comportamento, selecione a guia *Setup*, escolha o *comportamento* que deseja editar, marque a caixa *Filter,* selecione a opção *Deny* e clique no botão *Aplicar.*

Em nosso exemplo, foi criado um comportamento identificado como block que determina o bloqueio de todo tipo de trafego.

Para verificar sua configuração, selecione a guia **Summary** e marque o comportamento no qual deseja efetuar a verificação.

Após finalizar a criação do comportamento como demonstrado, lembre-se de salvar a sua configuração ao clicar na opção **Save** disponibilizada na parte superior direita da janela.

Caso seja necessário remover um comportamento, selecione a guia **Remove**, marque o comportamento desejado e clique no botão **Remove**.

Pode ser que alguns leitores prefiram utilizar a linha de comando ao invés da interface web administrativa, sendo assim também demonstraremos como efetuar a criação de um comportamento através da linha de comando.

Seja através da console, telnet ou ssh, conecte-se a linha de comando de seu switch e efetue login com um usuário que tenha permissão administrativa.

Caso se aplique ao seu modelo de switch, digite o comando **_cmdline-mode** para acessar a linha de comando secreta do dispositivo.

```
# _cmdline-mode on
```

Digite o comando abaixo para entrar em modo de configuração.

```
# system-view
```

Crie um novo comportamento e defina o bloqueio de acesso.

```
# traffic behavior BLOCK
# filter deny
```

Para verificar sua configuração, execute o comando abaixo e confira o seu resumo.

```
# display traffic behavior user-defined BLOCK
```

Lembre-se de salvar a sua configuração através do comando abaixo.

```
# save
```

Para deletar um comportamento existente, estando no modo de configuração, execute o comando abaixo e defina o comportamento a ser removido.

```
# undo traffic behavior BLOCK
```

Criar Política de acesso

Como informado anteriormente, o bloqueio do acesso a uma lista de endereços consiste em um processo de várias etapas que tem como seu quarto passo, a criação de uma política de acesso que é responsável por associar uma classe de trafego com um comportamento.

Em nosso exemplo, será criado uma política de acesso responsável por bloquear todo tipo de acesso ao trafego identificado por uma classe criada anteriormente.

Ao ser apresentado a tela inicial da interface administrativa, acesse o menu *QoS* e clique na opção *QoS Policy* para ser enviado a tela de configuração de políticas.

Para criar uma nova política, selecione a opção *Create*, digite um nome para a política e clique no botão *Create.*

Ao terminar a criação de sua política, selecione a guia *Setup*, escolha a *política* que deseja editar, selecione a *classe de acesso*, o *comportamento* desejado para os pacotes dentro da classe de acesso e clique no botão *Aplicar*.

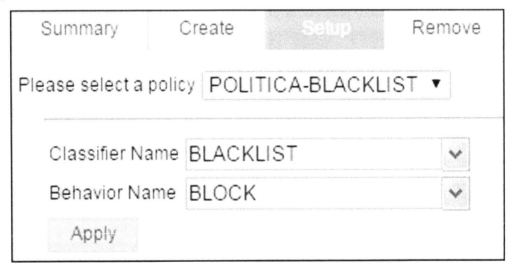

Em nosso exemplo, foi criada uma política identificada como *politica-blacklist*, como parte dessa política foi configurado o comportamento de bloqueio para todo pacote que seja classificado como membro da classe *blacklist*, dessa forma todo trafego que tenha o endereço de destino na lista de acesso 3000 será bloqueado.

Para verificar sua configuração, selecione a guia *Summary* e marque a política na qual deseja efetuar a verificação.

Após finalizar a criação da política como demonstrado, lembre-se de salvar a sua configuração ao clicar na opção *Save* disponibilizada na parte superior direita da janela.

Caso seja necessário remover uma política de acesso, selecione a guia *Remove*, marque a política desejada e clique no botão *Remove*.

Pode ser que alguns leitores prefiram utilizar a linha de comando ao invés da interface web administrativa, sendo assim também demonstraremos como efetuar a criação de uma política de acesso através da linha de comando.

Seja através da console, telnet ou ssh, conecte-se a linha de comando de seu switch e efetue login com um usuário que tenha permissão administrativa.

Caso se aplique ao seu modelo de switch, digite o comando *_cmdline-mode* para acessar a linha de comando secreta do dispositivo.

```
# _cmdline-mode on
```

Digite o comando abaixo para entrar em modo de configuração.

```
# system-view
```

Crie uma nova política de acesso, adicione uma regra classificadora e um comportamento.

```
# qos policy POLITICA-BLACKLIST
# classifier BLACKLIST behavior BLOCK
```

Para verificar sua configuração, execute o comando abaixo e confira o seu resumo.

```
# display qos policy user-defined POLITICA-BLACKLIST
```

Lembre-se de salvar a sua configuração através do comando abaixo.

```
# save
```

Para deletar uma política de acesso existente, estando no modo de configuração, execute o comando abaixo e defina a política a ser removida.

```
# undo qos policy POLITICA-BLACKLIST
```

Aplicar Política de Acesso

Como informado anteriormente, o bloqueio do acesso a uma lista de endereços consiste em um processo de várias etapas que tem como seu quinto e último passo, a aplicação da política de acesso criada anteriormente em uma interface do switch.

Em nosso exemplo, será aplicada uma política responsável por bloquear todo tipo de acesso ao trafego identificado por uma classe criada anteriormente em uma interface do switch.

Ao ser apresentado a tela inicial da interface administrativa, acesse o menu *QoS* e clique na opção *Port Policy* para ser enviado a tela de aplicação de políticas.

Para aplicar a política, acesse a guia *Setup*, selecione a porta que deseja configurar, escolha a política a ser aplicada, a direção de entrada *inbound* e clique no botão *Aplicar.*

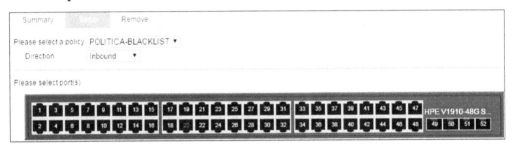

Em nosso exemplo, foi aplicada uma política identificada como *politica-blacklist* na interface 20 do switch para com isso bloquear os acessos da usuária Léia ao website www.fucking-it.com.

Para verificar sua configuração, selecione a guia *Summary* e marque a política na qual deseja efetuar a verificação.

Após finalizar a aplicação da política como demonstrado, lembre-se de salvar a sua configuração ao clicar na opção *Save* disponibilizada na parte superior direita da janela.

Caso seja necessário remover uma política de acesso aplicada, selecione a guia *Remove*, marque a política desejada e clique no botão *Remove*.

Pode ser que alguns leitores prefiram utilizar a linha de comando ao invés da interface web administrativa, sendo assim também demonstraremos como efetuar a aplicação de uma política de acesso através da linha de comando.

Seja através da console, telnet ou ssh, conecte-se a linha de comando de seu switch e efetue login com um usuário que tenha permissão administrativa.

Caso se aplique ao seu modelo de switch, digite o comando *_cmdline-mode* para acessar a linha de comando secreta do dispositivo.

```
# cmdline-mode on
```

Digite o comando abaixo para entrar em modo de configuração.

```
# system-view
```

Aplique a política de acesso diretamente na interface.

```
# interface GigabitEthernet1/0/20
# qos apply policy POLITICA-BLACKLIST inbound
```

Para verificar a política aplicada em sua interface, execute o comando abaixo e confira o seu resumo.

```
# display qos policy interface GigabitEthernet1/0/20
```

Lembre-se de salvar a sua configuração através do comando abaixo.

```
# save
```

Para deletar a aplicação de uma política em sua interface, estando no modo de configuração, execute o comando abaixo e defina a política a ser removida.

```
# interface GigabitEthernet1/0/20
# undo qos apply policy POLITICA-BLACKLIST inbound
```

Conclusão

Este capítulo ensinou de maneira prática como efetuar a configuração do recurso de filtro de pacotes em um switch e com isso bloquear o acesso de uma porta a determinados endereços através da criação de uma política de acesso.

Durante este capítulo foi possível acompanhar a jornada de Luke enquanto este efetuava a configuração dos switches para o projeto de criação de uma nova rede corporativa e atendia aos seguintes requisitos de escopo listados no documento chamado ***requisitos da nova rede corporativa***:

• Deve ser possível bloquear o acesso a endereços específicos através de regras.

Ao final deste capítulo o leitor deve se sentir confiante e ser capaz de efetuar a configuração de uma política que filtre o acesso a determinados endereços e com isso aumentar o controle sobre a rede de sua empresa.

Para reforçar o aprendizado, foi publicado em nosso canal do youtube o seguinte vídeo que demonstra a utilização das técnicas apresentadas ao longo deste capítulo:

• HP Switch – Filtro de pacotes

– Capítulo 13 –

LIMITAR LARGURA DE BANDA

Ao acessar o sistema de monitoramento da rede, Luke pode observar que o link de acesso à Internet da empresa demonstra a utilização máxima a vários dias e por isso decide investigar o incidente.

Após investigar o incidente, foi possível descobrir que a alta taxa de transferência ocorre devido a um computador da rede estar utilizando um software do tipo torrent para efetuar downloads inapropriados.

Para solucionar o problema, Luke decide utilizar a técnica de limitação de largura de banda e com isso restringir o computador infrator a uma largura de banda máxima de 50 Kilobytes.

A utilização de técnicas como a limitação de largura de banda oferece uma maneira rápida e fácil para administradores aplicarem uma restrição sobre a largura de banda máxima autorizada em uma interface e com isso aumentar o controle sobre a rede de sua empresa.

Este capitulo tem o objetivo de demonstrar como efetuar a configuração da técnica de limitação de largura de banda através de uma abordagem detalhada passo a passo, e com isso ensinar, ou esclarecer dúvidas que o leitor possa ter sobre este assunto.

Durante este capitulo serão apresentadas as seguintes tarefas relacionadas a implantação do projeto da nova rede corporativa:

• Como limitar a largura de banda em uma interface.

Todos os ensinamentos deste capitulo serão apresentados de maneira prática utilizando o ponto de vista do analista Luke durante a implantação de seu projeto.

Configurar Limitação de Banda

Após observar que a alta taxa de utilização do link de acesso à internet foi causada pela estação de trabalho conectada na interface de número 12 do switch, Luke decidiu implantar uma limitação na largura de banda máxima permitida nessa interface.

Em nosso exemplo, vamos efetuar a configuração da limitação para que a interface de rede de número 12 do switch tenha a largura de banda máxima permitida de 50 Kbps.

Ao ser apresentado a tela inicial da interface administrativa, acesse o menu *QoS* e clique na opção *GTS* para ser enviado a tela de configuração de limitação de largura de banda.

Para configurar a limitação de banda em uma porta do switch, acesse a guia *Setup*, selecione a porta que deseja configurar, habilite a função de limitação de banda genérica ao selecionar a opção *Enable* e digite a velocidade desejada em *kilobits*.

Durante a configuração, o sistema exige que a informação de limitação de banda seja digitada em *kilobits por segundo,* portanto segue abaixo uma lista contendo possíveis maneiras de calcular a largura de banda desejada em kilobits.

Para converter de *Kilobytes para Kilobits*, deve-se multiplicar o valor em kilobytes por 8. Como exemplo, é possível afirmar que 50 kilobytes multiplicados por 8 são iguais a 400 kilobits.

Para converter de *Megabytes para Kilobits*, deve-se multiplicar o valor em megabytes por 8000. Como exemplo, é possível afirmar que 2 megabytes multiplicados por 8000 são iguais a 16000 kilobits.

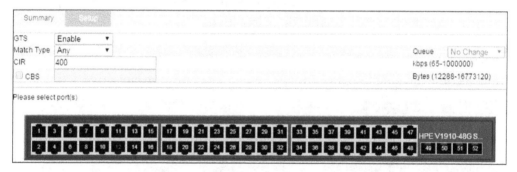

Em nosso exemplo, foi criada uma restrição limitando a interface de número 12 do switch a uma largura de banda máxima de 50 Kilobytes que são equivalentes a 400 Kilobits.

Para verificar sua configuração, selecione a opção *Summary* e marque a interface de rede configurada.

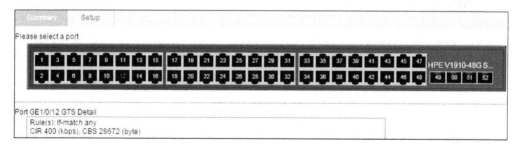

Para testar sua configuração, acesse a estação de trabalho conectada na interface limitada, tente efetuar o download de algum arquivo e verifique a velocidade do seu download.

Após finalizar a limitação da largura de banda, lembre-se de salvar a sua configuração ao clicar na opção *Save* disponibilizada na parte superior direita da janela.

Pode ser que alguns leitores prefiram utilizar a linha de comando ao invés da interface web administrativa, sendo assim também demonstraremos como efetuar a configuração de limitação de banda através da linha de comando.

Seja através da console, telnet ou ssh, conecte-se a linha de comando de seu switch e efetue login com um usuário que tenha permissão administrativa.

Caso se aplique ao seu modelo de switch, digite o comando _*cmdline-mode*_ para acessar a linha de comando secreta do dispositivo.

```
# cmdline-mode on
```

Digite o comando abaixo para entrar em modo de configuração.

```
# system-view
```

Acesse a interface de rede desejada e configure a limitação de banda.

```
# interface GigabitEthernet1/0/12
# qos gts any cir 400
```

Em nosso exemplo, foi criada uma restrição limitando a interface de número 12 do switch a uma largura de banda máxima de 50 Kilobytes que são equivalentes a 400 Kilobits.

Para verificar sua configuração, execute o comando abaixo e confira o seu resumo.

```
# display  qos gts interface GigabitEthernet1/0/12
```

Lembre-se de salvar a sua configuração através do comando abaixo.

```
# save
```

Para remover uma configuração existente, estando no modo de configuração da interface, execute o comando abaixo.

```
# interface GigabitEthernet1/0/12
# undo qos gts any
```

Conclusão

Este capítulo ensinou de maneira prática como efetuar a configuração do recurso de limitação de largura de banda em uma interface do switch e com isso aumentar o controle do administrador sobre sua rede.

Durante este capítulo foi possível acompanhar a jornada de Luke enquanto este efetuava a configuração dos switches para o projeto de criação de uma nova rede corporativa e atendia aos seguintes requisitos de escopo listados no documento chamado ***requisitos da nova rede corporativa***:

• Deve ser possível limitar a largura de banda utilizada por uma interface do switch

Ao final deste capitulo o leitor deve se sentir confiante e ser capaz de efetuar a configuração da limitação de largura de banda em um switch de sua rede.

Para reforçar o aprendizado, foi publicado em nosso canal do youtube o seguinte vídeo que demonstra a utilização das técnicas apresentadas ao longo deste capitulo:

• HP Switch – Configurar Traffic Shaper

– Capítulo 14 –

ISOLAR DISPOSITIVOS

Ao acessar o servidor de antivírus, Luke pode observar que uma estação de trabalho da empresa foi infectada por um malware e que essa estação de trabalho estava tentando infectar outros computadores localizados na mesma rede.

Para reduzir a probabilidade de infecção dos computadores, Luke decidiu bloquear toda comunicação entre as estações de trabalho de sua nova rede através da utilização do recurso chamado de isolamento de portas.

Este capítulo tem o objetivo de demonstrar como efetuar a configuração do isolamento de portas em um switch através de uma abordagem detalhada passo a passo, e com isso ensinar, ou esclarecer dúvidas que o leitor possa ter sobre este assunto.

Durante este capítulo serão apresentadas as seguintes tarefas relacionadas a implantação do projeto da nova rede corporativa:

• Como isolar a comunicação entre dispositivos

Todos os ensinamentos deste capítulo serão apresentados de maneira prática utilizando o ponto de vista do analista Luke durante a implantação de seu projeto.

Configurar Isolamento de Porta

Em nosso exemplo, a comunicação será bloqueada entre duas estações de trabalho conectadas respectivamente nas interfaces do switch de número 13 e 14.

Ao ser apresentado a tela inicial da interface administrativa, acesse o menu *Security* e clique na opção *Port Isolate Group* para ser enviado a tela de configuração de isolamento de portas.

Para criar o isolamento entre as portas, acesse a guia *Port Setup*, marque a opção *Isolated port*, selecione as portas que deseja isolar e clique no botão *Aplicar*.

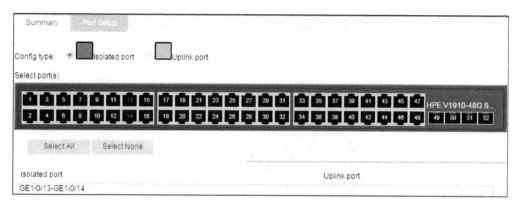

Após efetuar a configuração do isolamento de portas, foram executados testes de comunicação entre as estações de trabalho e seus resultados foram documentados abaixo.

A comunicação entre a estação de trabalho conectada na interface de número 13 e a estação de trabalho conectada na interface de número 14 foi bloqueada pela configuração de isolamento de portas como esperado.

A comunicação entre a estação de trabalho conectada na interface de número 13 e uma terceira estação de trabalho conectada na interface de número 15 não foi bloqueada, pois a porta 15 não possui nenhuma configuração de isolamento declarada.

Para verificar sua configuração, selecione a opção *Summary* e verifique o resumo de sua configuração.

Após finalizar a configuração do isolamento de portas, lembre-se de salvar a sua configuração ao clicar na opção *Save* disponibilizada na parte superior direita da janela.

Pode ser que alguns leitores prefiram utilizar a linha de comando ao invés da interface web administrativa, sendo assim também demonstraremos como efetuar a configuração de isolamento de portas através da linha de comando.

Seja através da console, telnet ou ssh, conecte-se a linha de comando de seu switch e efetue login com um usuário que tenha permissão administrativa.

Caso se aplique ao seu modelo de switch, digite o comando *_cmdline-mode* para acessar a linha de comando secreta do dispositivo.

```
#  cmdline-mode on
```

Digite o comando abaixo para entrar em modo de configuração.

```
# system-view
```

Configure o isolamento das portas 13 e 14 diretamente na configuração das interfaces como demonstrado.

```
# interface GigabitEthernet1/0/13
# port-isolate enable

# interface GigabitEthernet1/0/14
# port-isolate enable
```

Para verificar sua configuração, execute o comando abaixo e confira o seu resumo.

```
# display port-isolate group
```

Lembre-se de salvar a sua configuração através do comando abaixo.

```
# save
```

Para remover a configuração de isolamento de portas, estando no modo de configuração, execute o comando abaixo diretamente nas interfaces.

```
# interface GigabitEthernet1/0/13
# undo port-isolate enable
```

Conclusão

Este capítulo ensinou de maneira prática como efetuar o isolamento da comunicação entre múltiplas portas do switch e com isso aumentar o nível de segurança da rede.

Durante este capítulo foi possível acompanhar a jornada de Luke enquanto este efetuava o isolamento da comunicação entre as estações de trabalho de sua empresa para evitar a propagação de um vírus através de sua rede.

Ao final deste capítulo o leitor deve se sentir confiante e ser capaz de efetuar o isolamento de portas do switch e com isso aumentar o controle sobre a rede de sua empresa.

Para reforçar o aprendizado, foi publicado em nosso canal do youtube o seguinte vídeo que demonstra a utilização das técnicas apresentadas ao longo deste capítulo:

• HP Switch – Isolamento de portas

– Capítulo 15 –

LABORATÓRIO VIRTUAL

Após finalizar a implantação do projeto da nova rede corporativa com sucesso, Luke tem conhecimento de que qualquer alteração feita de maneira inadequada pode vir a paralisar completamente o ambiente de rede da empresa e afetar sua credibilidade.

Para reduzir a probabilidade de paralização da rede, Luke decide que antes de executar qualquer configuração nos switches da nova rede corporativa será obrigatório efetuar uma fase inicial de testes em um laboratório virtual.

Este capítulo tem o objetivo de demonstrar como efetuar a criação de um laboratório virtual de rede através de uma abordagem detalhada passo a passo, e com isso ensinar, ou esclarecer dúvidas que o leitor possa ter sobre este assunto.

Durante este capítulo serão apresentadas as seguintes tarefas relacionadas a implantação do projeto da nova rede corporativa:

• Como preparar um laboratório virtual de rede

Todos os ensinamentos deste capítulo serão apresentados de maneira prática utilizando o ponto de vista do analista Luke durante a implantação de seu projeto.

Descrição Passo a Passo

O processo de criação de um laboratório virtual é complexo e requer toda a atenção do analista para que os inúmeros passos necessários sejam compreendidos e executados com perfeição, em vista disso segue abaixo uma lista das tarefas necessárias e suas respectivas descrições.

Como primeiro passo, será necessário efetuar a instalação do software VirtualBox que vai oferecer a base necessária para dar prosseguimento com a instalação do software de simulação de redes.

Como segundo passo, será necessário efetuar a instalação do software WireShark que será capaz de oferecer recursos como a captura de pacotes para uma eventual análise.

Como terceiro passo, será necessário efetuar a instalação do software HP Network Simulator que será responsável por oferecer o ambiente virtual de simulação de rede.

Como quarto e último passo, será demonstrado como executar o software de simulação de rede, como adicionar dispositivos, como conectar dispositivos e como acessar os dispositivos virtuais.

Instalar VirtualBox

Para que o software responsável pelo laboratório virtual da rede funcione corretamente será necessário efetuar a instalação do software *Virtualbox* que vai desempenhar a função de base para o software de simulação de redes.

Virtuabox é um software gratuito que pode ser utilizado para se virtualizar dispositivos como computadores e switches, portanto acesse o website *virtualbox.org* e efetue o download do software.

Em nosso exemplo, foi efetuado o download do instalador *VirtualBox-5.0.14-105127-Win.exe* que consiste na versão do software 5.0.14 compilada para o sistema operacional Windows com uma arquitetura de 64 bits.

Ao finalizar o download do software, efetue um clique com o botão direito do mouse sobre o instalador e selecione a opção *Executar como administrador.*

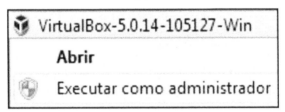

O processo de instalação é simplificado, portanto ao ser apresentado a tela abaixo, clique no botão *Avançar* repetidamente até que o processo seja finalizado com sucesso.

Welcome to the Oracle VM VirtualBox 5.0.14 Setup Wizard

The Setup Wizard will install Oracle VM VirtualBox 5.0.14 on your computer. Click Next to continue or Cancel to exit the Setup Wizard.

Ao concluir a instalação do VirtualBox terá sido cumprido o primeiro requisito para a instalação do simulador de redes.

Instalar Wireshark

Para que o software responsável pelo laboratório virtual da rede funcione corretamente será necessário efetuar a instalação do software *Wireshark*, portanto acesse o website *wireshark.org* e efetue o download do software.

Em nosso exemplo, foi efetuado o download do instalador *Wireshark-win64-2.0.1.exe* que consiste na versão do software 2.0.1 compilada para o sistema operacional Windows com uma arquitetura de 64 bits.

Ao finalizar o download do software, efetue um clique com o botão direito do mouse sobre o instalador e selecione a opção *Executar como administrador.*

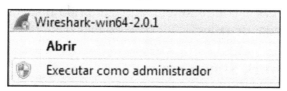

O processo de instalação é simplificado, bastando apenas que o usuário continue clicando em *avançar* até que a tela abaixo seja apresentada, onde será necessário marcar a opção *Install Winpcap* e continuar avançando até o final da instalação.

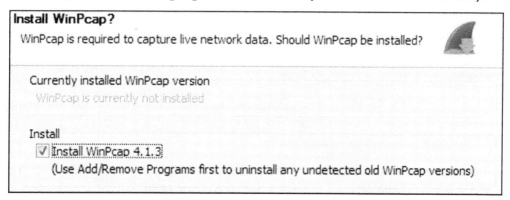

Ao ser apresentado a tela abaixo, não marque a opção chamada *Install USBPcap* e clique no botão *Install.*

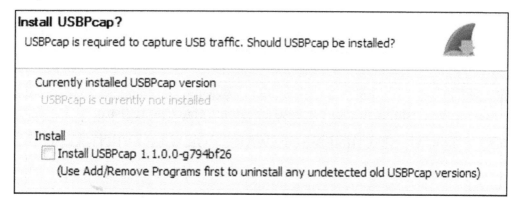

Durante a instalação do wireshark, terá início automaticamente o processo de instalação da biblioteca **WinPcap**, portanto clique em **Avançar** até que a tela abaixo seja apresentada, onde será necessário marcar a opção **Automatically start winpcap driver at boot time** e continuar avançando até o final da instalação.

Ao concluir a instalação do **WinPCap** com sucesso terá continuidade a instalação do software **Wireshark** e com isso terá sido cumprido o segundo requisito para a instalação do simulador de redes.

Instalar HP Network Simulator

Ao finalizar a instalação dos softwares virtualbox e wireshark é possível dar prosseguimento com a instalação do software simulador de dispositivos de rede, portanto acesse o website **hpe.com** e efetue o download do software **HP network simulator.**

O Software HP Network Simulator é um software gratuito que pode ser utilizado para se virtualizar dispositivos como switches e com isso testar as alterações necessárias para sua rede em um ambiente virtual de laboratório.

Em nosso exemplo, foi efetuado o download do instalador **HCL_7.1.59-Setup.zip** que consiste na versão do software 7.1.59 compilada para o sistema operacional Windows com uma arquitetura de 64 bits.

Ao finalizar o download, descompacte o software ao clicar com o botão direito do mouse sobre o download e selecionar a opção **Extrair tudo**.

Caso o leitor tente efetuar a instalação do simulador imediatamente será apresentada a seguinte mensagem de erro.

 The VirtualBox version is lower than the HCL needed. Please uninstalled the old version firstly, and reinstall HCL.

Para solucionar o problema apresentado, execute o editor de registros do Windows como administrador e acesse a seguinte chave do registro.

• HKEY_LOCAL_MACHINE > SOFTWARE > ORACLE >VIRTUALBOX

ab InstallDir	REG_SZ	C:\Program Files\Oracle\VirtualBox\
ab Version	REG_SZ	5.0.14
ab VersionExt	REG_SZ	5.0.14

Para contornar o problema da mensagem de erro apresentada, altere o valor da opção *VersionExt* para 4.2.18 e saia do editor de registro do windows.

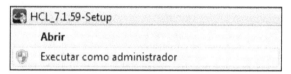

ab Version	REG_SZ	5.0.14
ab VersionExt	REG_SZ	4.2.18

Ao finalizar a edição do registro, efetue um clique com o botão direito do mouse sobre o instalador e selecione a opção *Executar como administrador.*

O processo de instalação é simplificado, portanto ao ser apresentado a tela abaixo, clique no botão *Avançar* repetidamente até que o processo seja finalizado com sucesso.

Welcome to the HCL 7.1.59 Setup Wizard

This wizard will guide you through the installation of HCL 7.1.59.

It is recommended that you close all other applications before starting Setup.

Click Next to Continue.

Ao concluir a instalação do software HP network Simulator, execute novamente o editor de registros do Windows como administrador, acesse novamente a chave do registro *VirtualBox,* altere a opção *VersionExt* para seu valor original e saia do editor de registro.

ab InstallDir	REG_SZ	C:\Program Files\Oracle\VirtualBox\
ab Version	REG_SZ	5.0.14
ab VersionExt	REG_SZ	5.0.14

Em nosso exemplo, foi executada a instalação do software HP network simulator sendo este o responsável pela criação de um laboratório virtual para a nossa rede de computadores.

Acessar HP Network Simulator

Para executar o simulador de redes, acesse o menu iniciar, efetue um clique com o botão direito do mouse sobre o ícone do aplicativo e selecione a opção *Executar como administrador*.

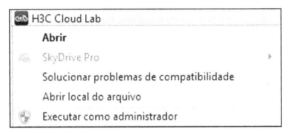

Ao ser apresentado a tela inicial do aplicativo selecione o dispositivo que deseja inserir e clique na tela para incluir este em seu laboratório.

Em nosso exemplo, vamos inserir dois dispositivo do tipo switch para demonstrar a utilização do software, portanto clique no ícone de switch e clique na tela duas vezes.

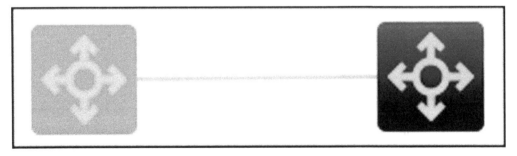

Para efetuar um teste de comunicação será necessário conectar os dois dispositivos através de um link virtual, em vista disso clique com o botão direito do mouse sobre o switch e selecione a opção *Add links*.

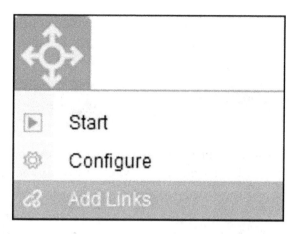

Clique sobre o primeiro switch com o botão esquerdo do mouse e selecione a interface de rede que deve ser conectada.

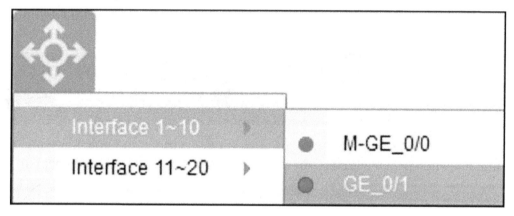

Após selecionar a interface de rede do primeiro switch, clique no segundo dispositivo e selecione a interface de rede na qual deseja se conectar.

Ao terminar a conexão dos links virtuais, clique no botão chamado *Start all devices* para iniciar todos os dispositivos do laboratório e aguarde os equipamentos virtuais finalizarem o processo de boot.

Para acessar a console do dispositivo, clique com o botão direito do mouse sobre o switch e selecione a opção *Start CLI,* desse modo o sistema vai iniciar uma instância do software putty conectado diretamente na console do switch.

Como o switch vem por padrão sem nenhum arquivo de configuração, pressione a sequência de teclas **[CTRL+D]** para ter seu acesso inicial a console do switch liberado.

```
Automatic configuration is running, press CTRL_D to break
# CTRL + D
Press ENTER to get started
```

Ao obter acesso a console do primeiro switch, execute os comandos abaixo para configurar um endereço administrativo e salvar sua configuração.

```
# system-view
# interface Vlan-interface 1
# ip address 192.168.0.1 255.255.255.0
# save
```

Acesse a console do segundo switch, execute os comandos abaixo para configurar um endereço administrativo e salvar sua configuração.

```
# system-view
# interface Vlan-interface 1
# ip address 192.168.0.2 255.255.255.0
# save
```

Para testar a conectividade entre os dispositivos virtuais, efetue um ping do primeiro switch para o endereço do segundo switch através do comando abaixo.

```
# ping 192.168.0.2
```

Em nosso exemplo, foi executada uma configuração básica do software HP network simulator para demonstrar a conectividade entre dois dispositivos virtuais da maneira adequada.

Conclusão

Este capítulo ensinou de maneira prática como efetuar a configuração de um laboratório virtual de redes, seja para estudar, ou para efetivamente testar as alterações propostas para sua rede em um ambiente virtual.

Durante este capítulo foi possível acompanhar a jornada de Luke enquanto este efetuava a configuração de um laboratório virtual para o projeto de criação de uma nova rede corporativa e atendia aos seguintes requisitos de escopo listados no documento chamado ***requisitos da nova rede corporativa***:

• Deve ser montado um laboratório virtual para testar a configuração dos switches

Ao final deste capítulo o leitor deve se sentir confiante e ser capaz de efetuar a criação de um laboratório virtual para homologar suas configurações de rede em um ambiente de testes.

Para reforçar o aprendizado, foi publicado em nosso canal do youtube o seguinte vídeo que demonstra a utilização das técnicas apresentadas ao longo deste capítulo:

• HP Network Simulator – Instalação em ambiente Windows

Palavra do Autor

Obrigado por ler este livro.

Obrigado por ler este livro que deu tanto trabalho e se tornou motivo de tanto orgulho.

Espero que o livro te ajude a alcançar seus objetivos assim como tem me ajudado a alcançar os meus.

Por favor, considere deixar uma revisão do livro no website da Amazon.

Segue abaixo uma série de links para acompanhar o meu trabalho.

- Youtube – www.youtube.com/c/fuckingit
- Website – www.fucking-it.com
- Facebook – www.facebook.com/fkingit/
- Twitter – twitter.com/_FuckingIT_

www.ingramcontent.com/pod-product-compliance
Lightning Source LLC
Chambersburg PA
CBHW080418060326
40689CB00019B/4284